日本テレビ・
アップル・MTV・
マクドナルド・
ミクシィ・
世界の医療団
で学んだ，
「超」仕事術

片岡英彦

東京片岡英彦事務所代表
東北芸術工科大学広報部長／
企画構想学科准教授

方丈社

まえがき

「これまでに何回転職をしましたか？」

と、「転職の回数」をよく訊かれる。

「日テレ、アップル、MTV、マクドナルド、ミクシィ、世界の医療団（フランスに本部のある国際NGO）、そして大学教員……」一つひとつ思い出して丁寧に勤務先の名前を挙げ、そして「6回ですね」と「数」を答える。

すると、訊いた相手は満足してくれる。

私にとっては「あるある」なシチュエーションだ。

最近慣れてきた。

質問をする人は、たいてい、自分はあまり転職を経験していないことが多い。

就業先と働き手との関係を「排他的」であるという前提で質問する。「排他的」というのは、たとえば「婚姻関係」のような関係だ。日本は一夫一婦制であり重婚は認められていない。一回転職すると「バツ1」、2回目は「バツ2」、私のように6回転職した人は「バツ6」だという発想になる。だからすぐに「渡り歩く」という言葉を使われるが、私はまったく「渡り歩いている」とは思っていない。

というのは、私は個人と企業との間の雇用関係は「パートナーシップ契約」だと思っている。会社と働き手との関係は「友人関係」のようなものだと思う。仮に転職したとしても、あえて「絶交」でもしない限り、その後の関係はつづく。だから好きな友人（企業）の数は増えつづけていく。仮に同時に複数の企業の仕事（複業）をしても「浮気」「不倫」とは思わない。むしろ相乗効果を出した方が、勤め先にも本人にとっても良いと思っている。

フリーランス経験のある友人は「一生食わせてくれる保証のあるクライアントなどこの世に存在しないのだから、当たり前！」という。終身雇用が前提の大企業に勤める友人は「同時に複数の企業の仕事をするのは、ちょっと節操がない」という。どちらもわからなくもない。

これからの時代は、徐々に「多層的」な関係になりつつある。とはいえ、今の若い人たちの慎重で生真面目な性分を考えると、日本には終身雇用制度が向いているのかなとも思う。一方、グローバルな視点では「他社でも（他業界でも）活躍できる汎用性の高い能力と柔軟性がある人物」が市場価値として高くなる。

たしかなのは、あまり選択肢のなかった時代と異なり、最近は一つの会社に留まるにしても、新たな会社に転職を図るにしても、自分自身が納得できるような、それなりの理由と覚悟を持ち、さらに自分自身がその時々の環境の変化に合わせて変わりつづけなくてはならないということ。

人生が50年だったころと異なり、現代人の人生は長い。仮に自分が20代、30代の若手だったとしても、50代、60代のベテランだったとしても、同じ仕事をこれまでと同じように来年も再来年も、20年後も……とつづけていくことは、ほぼムリだということだ。

「転職」であるか「異動」であるか、あるいは「第二の人生」と呼ぶのかはともかく、どこかの時点で自分のキャリアを自分で選択しなくてはならない。

選択には必ず結果がともなう。

その結果の責任は自分で負うことになる。

また人生の分岐点において、将来を選択するということは、同時に何かは「諦める」ということでもある。これは損得勘定などの「ロジック」だけでは上手くいかない。そこには自分の一生をどのように演出していくのか、「センス」が必要で、考え方の「スジ」の良さが大事になる。

今回私が書いた内容は、必ずしも「ロジカル」ではないかもしれない。「ビジネス」に直接役立つかどうかも不明だが、自分を磨き、チャレンジし、良い「スジ」を見つけ出し、自分自身が変わっていこうとする上ではお役に立つと思う。これから私たちが生きていく社会は、想像もつかないくらい、自分自身が「変わっていく」ことが求められていくからだ。

目次

日本テレビ・
アップル・MTV・
マクドナルド・
ミクシィ・
世界の医療団
で学んだ，
「超」仕事術

第1章 日本テレビで学んだ仕事術

第2章 アップル、MTVで学んだ仕事術

第3章 日本マクドナルド、ミクシィ、世界の医療団で学んだ仕事術

第4章　転職の「数」にこだわる人はアホである

第1章
日本テレビで学んだ仕事術

01

日本テレビ入社。定年まで40年って、どんだけ長いのか……

× 希望した部署じゃない。異動のことばかりが気になる。

○ 焦らず「今」に集中する。経験は必ず活きる。

大学を卒業し、1994年に日本テレビに入社した。

「入るの大変だったでしょ」とよく訊かれるが、まったく実感がない。たしかに倍率は高かったのかもしれない。実際、数万人がエントリーしたといわれているが、同期社員として入社したのは50人ほどだ。しかし、面接を受け、筆記を受け、また面接を受ける、その回数はどこの企業もそれほど変わらない。志願者は何千人、あるいは何万人いても、全員が一ヶ所で一斉に面接を受けるわけではない。自分がその都度目にする学生（ライバル）の数は、どこの企業も大差ない。気がつけば内定が出ていた。

日本テレビの入社後、私は、幸いにもずっと自分がやりたいと思っていた広報関連の仕事を今もつづけている。いくつかの企業でPR・広報のアドバイザーの仕事をし、大学で教鞭を執る傍ら、大学自体の広報も担当している。講演会や専門誌、Webで最新の広報事例について語ったり執筆する機会も多い。

しかし、キャリアの最初から広報の仕事をしていたわけではない。たしかに入社時には広報や宣伝あるいは事業プロデュースなどの部署を希望していた記憶があるが、蓋を開けると、最初に配属されたのは報道局社会部——。

典型的なへっぽこ記者となった。

いきなりの報道局配属で、入社2年目の95年には阪神・淡路大震災や地下鉄サリン事件が発生した。新人の私も現場からのレポートに駆り出された。テレビのニュースで私のレポートを見て、驚いて電話をしてきた学生時代の友人たちは多かった。

その後、入社4年目に希望していた広報局へ配属異動になった。報道局で記者の経験を積んでから広報の仕事をすることになったのは、今考えるとこの上なくラッキーだった。広報局では番組宣伝を行うために、新聞社の文化部の記者やテレビ誌、情報誌などの雑誌記者と接する機会が多い。おおむね取材する側の立場や思考がわかる。それまでは、自分が取材する立場だったのだから当然だ。

私は人事部での経験がないので、企業の人事部がどこまで長期的に若手社員の社内でのキャリアアップを入社時点で考えているのか、実感を持たないが、私の場合に限っていうと、この報道記者時代の経験は、その後の自分の人生に大きな影響を与えた。

4年目に広報局へ異動となり、プレス対応や広告制作、企画など希望していた番組宣伝の仕事に就いた——といっても、これで退職まで日本テレビで番宣の仕事をすることになったわけではない。**部署異動になっても、大きな企業の場合はそこの部署にずっと在籍するとは限らない。**

当時の日本テレビでは、ほぼ１００％、若手社員はテレビ局内でジョブローテーションを数年に一度行っていた。毎年新しい人が入れ替わりで入ってきて、何人かは他の部署へ異動となる。アナウンサーや技術職など特別な職務はともかく、たいていは報道局やスポーツ局、営業、事業などと、数年ごとに部門を超えて異動を重ねる。ポジションも副部長、部次長、部長……局次長、局長へと昇進していく。仮に報道記者を10年務めた、ドラマのディレクターを15年務めたといっても、必ずしもスペシャリストとして、それから先もずっとその仕事をすることが社内で約束されているわけではない。

「自分はいったい何者になるのだろうか？」

希望の部署に就いたとしても不安は残る。もしも自分が希望とは違う部署に配属されたとなると、この不安はさらに募る。異動のことばかりが気になるかもしれない。

若いうちは、こうした「腰が定まらないポジション」に不安を覚えるものだ。次（の異動）はどうなるのだろう、と。

でも、焦りは禁物だ。

もし定年まで勤めたとしたら、まだこの先35～40年はある。先は長い。

いったいどうしたらいいのか……。

決して焦ってはいけない。どんな小さなことであっても、経験は後から活きる。仮に今すぐには役に立たないかもしれないが、ここで愚痴をいったり、やる気を失うことは自分にとって何のプラスにもならない。

むしろ、そんな状況に置かれた自分のことを楽しんでみるくらいがちょうどいい。心に余裕をもって将来を見据えれば、将来の展望も見えてくる。

自分はいったい何者であるかは、自分だけの力で決まるものではない。周囲の人々との出会いや職場の環境などが決めていく。

02

組織のゼネラリストを目指すのか、垣根を超えるのか

× すぐに部署を異動したい。転職したい。

○ 何をしたいのか？「やりたいこと」ありきで考える。

キャリアの積み方には、大きく分けて二つある。

一つは、自分が働く会社を決める。その同じ会社のなかで様々な部署に異動し、様々な職務を担当し、会社全体を把握しながら昇進していく社内出世型。テレビ局の場合、

営業局にいた社員が、ある日人事異動で報道局に異動となることもある。技術職だった社員が報道カメラマンになることもあれば、ドラマプロデューサーが人事部の管理職として異動になることもある。

様々な職種を経験できる面白さの反面、「やりたい仕事」をいつまでもつづけられるとは限らない。社内でのポジションは、おおむね副部長、部長くらいまでは年次を経るごとに上がっていくが、実力や結果が問われることもあれば、人事異動という「運不運」に左右されることもある。もちろん、どんな企業でも社内には「権力闘争」「社内派閥」という面倒くさい「運不運」もあるだろう。

もう一つは、自分のやりたい職種を突きつめて、企業の枠を超えてキャリアを積み上げていくやり方だ。

私の場合は、学生時代から漠然とマスメディアや広告代理店といった業種への就職を希望していた。報道記者という仕事はあまり考えたことがなかった。入社当初から「宣伝や広報、イベントプロデュースの仕事がしたい」と漠然と思っていた。

子どものころから両親に連れられて、大掛かりなイベントや演劇の取材現場などのバックステージを観させてもらう機会が多かった。学生時代には吹奏楽部で演奏会の集客のための広報宣伝などを行った。自分がステージに立ってプレイヤーとして演奏するのは得意ではなかったので、縁の下の力持ち、それも制作というよりも企画や広報宣伝の仕事がしっくりときた。

結局、日本テレビからアップル、ＭＴＶ、日本マクドナルド、ミクシィ、世界の医療団へと転職したが、今にいたるまで「やりたい仕事をやりつづける」ということは一貫している。職場は変わるが、企業と消費者との間のコミュニケーションに関わる仕事をつねに行っている。仕事内容自体に大きな変化はない。

今、自分がやっている仕事は、本当に自分のやりたい仕事だろうか。

もし「これがやりたい」と思う仕事でないならば、まずは今いる会社のなかで様々な職種を経験してみるといい。そのことで確実に自分のキャリアは積み上がっていく。その過程で「やりたいこと」が見つかるかもしれない。

一方「他にやりたい仕事がある」人にとっては、同じ会社に長く居つづけることは、ときにデメリットにもなる。他にやりたいことがあるにも関わらず「定年までとにかく今の会社にぶら下がる」という考えが若いころから身についてしまうと、毎日仕事をすることは辛いことでしかなくなる。その状態であと30年、40年も仕事をつづけられるだろうか。

よく若い世代の方々から、「転職を考えているのだけど、どうしたらよいか？」と相談を受ける。このように曖昧に訊かれると、私は１００％「転職しないこと」を勧める。**人に相談するくらい迷いがあるのならば、絶対に転職しない方が良いと思う。本来は何かを実現するための「手段」であるはずの「転職」が、今の環境から何となく逃げ出すための「目的」になってしまってはいけない。**

私は日本テレビに入社した当初から「定年まで勤めあげる」「社内でエラくなる」という将来をあまり想像したことがなかった。

「やりたい仕事をやる」「面白いことをつづける」というシンプルな思いだった。

キャリアの最初は日本テレビからはじまったが、もしも自分が公務員やメーカー企業に入ったとしても、結果的には広報の仕事に出会っていれば、その仕事をつづけていくという選択をしたと思う。

社会人になって、はじめて出社した日のことを思い返してみよう。

「さあ頑張るぞー」と希望に燃えていたかもしれない。

一方でこれから定年まで会社に勤めたとすると、あと35年か40年……。

「どんだけ長いんだよ」

「延々働きつづけるのか」

働く意気込みよりも、うんざりしたかもしれない。しかし、いざスタートを切ると、あっという間に時間は経って年次は上がる。残りの（仕事）人生は日に日に短くなる。

やりたいことをいつまでも先延ばしにしつづけられるほど、たぶん人生は長くない。

転職してもいい、しなくてもいい。

異動してもいい、しなくてもいい。

ただし、**自分の「旬」である時期には、変化を恐れずに、生きていきたい。**

そう、転職したり異動したりすることが大切なのではない。自分が何をやりたいか、いつやるのか、どうすれば実現できるのかが、大切なのである。

03

「かわいがられる力」は大事。
でも、下手にかわいがられようとしてはいけない

×
失敗したくない、
自分の評価が気になる。

○
失敗しても命までは取られない。
人と比べる癖をやめる。

会社員はかわいがられた方がいい。
かわいがられた方がチャンスは舞い込みやすい。
しかし、「使えないヤツ」と思われたくない一心で、つい他人の目を意識してしまう。

そして、周囲にかわいがられようとして、墓穴を掘ることもある。上司にお世辞をいう、周囲に愛想を振りまく、「YES」に徹する、道化を演じる、遅くまで残業する、誘われたら必ず飲みについていく……。

でも、うわべだけで、かわいがられようとするのは良くない。**仮にうわべでかわいがられても、そんな態度は持続しない。心がすり減ってしまう。ストレスも溜まる。何かの拍子に、相手との関係はもろくも崩れ去る。**

「かわいがられる」ためのいちばんシンプルで良い方法は、相手とキチンと「つながる」ことだ。

私は新人時代から、人一倍失敗が多かった。日本テレビの報道局に入ってはじめての中継レポートは、とくに悲惨な出来だった。葛飾区に新たにオープンした、バンジージャンプができる遊園施設からの生中継での体験レポートだった――。

20年以上経った今でも当時の同僚や先輩方と会食すると、デビュー作（？）についてからかわれる。ただ施設を説明してバンジージャンプをするだけで、新人記者でも

「絵」になるような「オイシイ」中継をさせてもらったのだが、緊張して「あーうー、あーうー」の繰り返しだった。一生懸命やったにもかかわらず、あまりのヒドいレポートに当時の上司や先輩たちも中継終了後は、気の毒に思ってくれたのか、誰も怒らず、注意もされなかった。ただただ申し訳ないと思ったと同時に、「かわいがってもらっていた」と今でこそ実感する。

他にも新人記者だったときに「自分はかわいがってもらっているんだなー」と実感したエピソードがある。94年の夏のことだ。はじめて報道記者として「きょうの出来事」という夜のニュース番組の特集コーナーを担当させてもらった。ニュース番組の特集企画は新人であれベテランであれ、決して一人で制作することはできない。取材現場ではカメラマンやVE（ビデオエンジニア）担当者とともに行動する。編集は編集マンと、ナレーションは自分で行うこともあるが、特集などではアナウンサーやナレーターの力を借りる。

翌年が終戦から50周年ということもあり、私の初企画は太平洋戦争に関わる取材だった。しかし、新人記者には思いもよらない壁があった。というのはテレビのニュースの企画を担当する場合、「現在起こっていること」は企画にしやすい。映像が存在し、「絵」になりやすいからだ。無知というのは恐ろしいもので、私はそんなことは少しも考えずに、終戦ものの企画に臨んだ。本来は新人記者にはあまり向かない企画なのは明らかだったのだ。

当時の上司や先輩デスクたちが配慮してくれたのだろう。何本もカメラマンレポートを企画し自らレポートしているベテランカメラマンがはじめから最後まで取材に同行し、カメラを回しつづけてくれた。また日頃は自ら企画コーナーを担当するベテランディレクターが編集作業に立ち会ってくれた。

さらに……ナレーションはどうしても井田由美アナウンサーにお願いしたいと新人の分際でこだわっていた。井田さんの落ち着いた声のトーンが、私の抱いた主人公のイメージにピッタリだった。そのため、アナウンス室まで行ってご本人に直接「担当してください」とお願いした。今思うと顔が赤くなるくらい恥ずかしいのだが、こうしたベテランの大先輩たちを前に私は担当記者として、あれこれ指示(というかお願いだが……)

を出した。

とにかく必死だったとはいえ、ナレーション撮りの際には、あの井田由美さんを相手に、声の抑揚や言い回しなど、何度も何度もこちらの都合でやり直しをお願いした。井田さんは嫌な顔一つせずに、新人の私が納得するまでお付き合いしていただいた。今思うと顔から火が出る若気のいたりだ。

実際に放送された特集コーナーなので、「研修」「人材育成」が目的だったとはいわないが、**「育てていただいていた」ことが、今だからわかる。というのは、私なしでも充分成立するような先輩社員が全力で、ずっこけ新人の初企画をそれとなく支えてくれていたのだ。**日本テレビはそういう社風だったと思う。

一方、はじめから報道をやりたくて入社し、めでたく報道記者になった同期社員たちは、まるで何年も前から記者をやっていたかのように、生中継や、難しい司法関連のレポートでもきっちりこなしていた。当然「同期社員と差がついていく」と、さすがに焦る。私は失敗が多かったし、いわゆる「ホウレンソウ（報連相）」もあまりマメな方ではない。ましてや、飲み会でお酌をしたりお世辞をいうのも大の苦手。苦手というよりも「できない」から「やらない」が正しい。

それでも、目の前の仕事を自分なりに一生懸命やっていた。しかしやっぱり、日頃の仕事を器用にはこなせない。

そこで、一生懸命やった上で、できないことはできないと、なるべく早く上司に音を上げることにした。そのせいか、上司や先輩社員からは、「しょうがないヤツだ」とは思われつつも、かわいがってはもらえるようになった（と思う）。

「同期のアイツはできるのに、オマエはなあ……」などと上司の愚痴を耳にしても、ときには聞き流すことも大切だ。同期や周囲と自分を比べても、あまりいいことはない。むしろ焦って、目の前のことが疎かになることがいちばんいけない。

大切なことは、やるだけやったら、強がらず、本音をさらけ出すことだ。ときには弱音を吐いてもいい。大事なことは、ウソをつかず虚勢を張らないこと。相手にどう見られるか、どう思われるかを考えすぎずに、正直に周囲にサポートを求めること。上手くいかなくても必要以上に落ち込んだり意固地にならず、上手くいっても必要以上に自慢したりエラそうにならないこと。「普通」でありつづけること。つまり自然体でいればいい。

最近は、職場でいっそうの効率化やスピードが求められる。昔よりも上司に余裕がないともいわれる。しかし、上司は部下の面倒をみるのが仕事であることには変わりがない。部下が自分で抱え込んでしまって堂々めぐりをしてないか。方向違いになってないか。たとえ部下がマズい状況に陥っていたとしても、早めに相談してくれれば、軌道修正は可能だ。

これは自分が上司の立場になってわかったことだが、上司にとって最も困る部下というのは、「仕事ができない」ことではない。上司として何をしたらいいのかわからない不安な状態のまま、いつまでも仕事をキープされることだ。

学生時代の部活やアルバイトを思い出してみよう。自分より後から入ってきた後輩に教えるとき、どんな人だと教えやすかったか。下手な人、失敗ばかりする人は憎かったか？　そんなことはなかったはず。むしろ弱音を吐いたり悩みを打ち明けてくれる後輩の方が、教えがいがあって、かわいかっただろう。

会社では、弱音を吐いてもいい。その方が、周囲にかわいがってもらえる。

大事なことは「飲みニケーション」でも「手下キャラになること」でもない。「正直であること」だ。

下手にかわいがられようとしてはいけないが、「かわいがられる力」をバカにしてはいけない。まずは一生懸命やる。そしてできないことがあったら、できませんでしたと本音で早めに弱音を吐こう。助けてくれそうな人に早めに相談しよう。

上手く上司や仲間たちと「つながる」ことで、多少手間がかかる人であっても、いつのまにか「目をかけてもらえる人」になる。

04

いわれたことをそのままやらない

× 時間がない。仕事を急いで片づける。

○ 走りながら考える。自分ならではのカスタマイズを意識する。

私は現在、企業の広報や広告などのコミュニケーション戦略の立案を行う仕事をしている。どんな会社にも、その会社ならではの悩みや課題がある。

だから、まずは経営者や管理職の方のお話を直接うかがう。それを咀嚼して「オーダーメイドの解決策」をつくり上げる。そこが仕事の面白みであり、決して安くはない費用をクライアントに負担していただいてコンサルティングを行う意義となる。**「先に結論ありき」「前例に倣って」で、それに課題を当てはめるような提案は絶対にしない。**

こうした発想は、報道の仕事をしていたころに無意識に身についた。

毎日起こるニュースには、一つとして同じものはない。どんな大きなニュースも小さなニュースも、報道はつねにオーダーメイドで一つひとつが手づくりだ。

報道記者時代に印象深かった出来事がある。

中学生がいじめにあって自殺した事件の報道についてだ。事件の後には後追い自殺者が出た。この後追い自殺をさらに報道すると、さらにまた別の後追い自殺が生じる可能性がある。報道の現場では「報道をすべきか、差し控えるべきか」の議論がわき上がった。当時キャスターを務めていた真山勇一さんや木村優子さんをはじめ、番組のスタッフが放送前に一同に会し、報道することの是非について長時間の議論を行った。

報道した場合、子どもたちが衝動的にさらに後追い自殺をする可能性も否定できない。

しかし報道に値する事件が現実に起こっているにも関わらず「報道をしない」「起こっていないことにする」ことで世のなかに影響を与えることはさらに望ましくない――という結論にいたった。事実を正確に伝える。あとの判断は視聴者に委ねる。報道機関は「伝えない」という形で世のなかを動かそうとしてはいけない。後追い自殺は二度と起こらないことを祈りつつ、議論を通じて現場の気持ちは一つに固まった。

キャスターがこのニュース読んだとき、その声は淡々としていたが、目にはうっすらと涙が浮かんでいるように見えた。それを見守っている我々スタッフは副調整室やスタジオのなかで泣いた。みんなの真剣さが一つになった瞬間だった。

「決まっていることをそのままやる」だけでは、思考停止だ。どんな些細なことでも、一つひとつ自分たちなりのカスタマイズを行っていく。正しい答えかどうかはそのときはわからないが、それでも最善を尽くしていく。

スピードが大事なことは当たり前だが、ただ「今までがそうだったから」という理由で、これまで通りのこと、いわれた通りのことをやるだけであれば、仕事はＡＩ（人工知能）に取って変わられる。**何事も最善の場合と最悪の場合とその中間の出来事を予想しつつ、物事を進めていけるかどうか。**こうした想像力を養えたことは、後に広報の仕事をしていく上での財産になった。もっというと、どんな業界でもどんな職種でも、想像力が不必要な仕事など、どこにもない。

「なぜなのか」「他のことは考えられないか」と「やり方」を工夫し考えながら、試行錯誤をつづけていく。

どんな会社にもどんな仕事にもルーティンはない。

戦略を立てて戦略に従って実行していくこれまでのスタイルから、さらに一歩進み、「走りながら考えていく」ことがこれまで以上に大切だ。

05

「できない理由」を考えない

×
さすがにムリ、無茶ブリすぎる……。

○
100点満点は目指さない。「期待」は何かを察する。

何かお願い事をされたときに「できない理由」を述べることに長けた人がいる。

私は「できない理由」をいわないようにしている。仮に依頼されたことが自分の担当や専門分野ではなかったとしても、「私が頼まれた理由」を考えて判断し、行動することにしている。

私はなぜ、その仕事を頼まれたのか。

依頼した相手は、本来は別の人に頼みたかったが、何らかの理由でその人が対応できずに、私に依頼が回ってきたのかもしれない。上司がクライアントから急な対応を求められ、困っているのかもしれない。

「できない理由」をいうよりも「頼まれた理由」を先に考えてみる。そのことが、ときに大きなチャンスになる。

「やってられない」と思って「できない理由」を理路整然と語るか、「できる限りやってみます」と、できる方法を考えるか。

どちらの立場を取るかで、人は大きく変わる。

「できない」と考えてしまう人は、おそらく「時間がない」「他にやることがある」「あまり仕事を増やしたくない」といった程度の理由だろう。上司からの無理難題の大半は、「明日までに頼む」といったような無茶ブリが多いので、ウンザリして、ついつい「それはムリです」といいたくもなる。

でも「頼まれた理由」をしっかり考えてみると、違う何かが求められていることがわかる。

日本テレビの番宣部にいたとき。

海外にいる同じ部署の先輩社員から携帯に電話が入った。

「月曜日に記者会見を行いたい。手配頼む」

記者会見日まで、正味3日もない。突発のオファー……。

当時日本テレビの「ウリナリ!!」という番組で、「ドーバー海峡横断部」という企画があった。イギリスとフランスの間にあるドーバー海峡の最狭部約34キロを1人1時間ずつ6人でつなぐリレー横断。これが成功し、公式認定のチャネル（海峡）スイマーとなった。このニュースは、バラエティ番組の枠を超えてニュース性があるため、帰国時に記者会見をする必要があると判断された。

当然、番組スタッフも番宣担当者も多くは現地に行っている。日本には他の番組の担当者しかいない。私は「進め！電波少年」の担当だったので正直番組内容の前後がどうなっているのかまで、細かくは把握できていなかった。しかも記者会見といえば、普通はどんなに遅くとも10日から2週間くらい前には、日時と会場と会見の主旨をメディアの方々に案内するのが鉄則。だがしかし、そんなことをいってる場合ではない。

時間がない。ホテルなど使い勝手のよい会場での開催は諦めた。会社のなかでいちばん広い役員会議室をまず押さえた。マスコミ各社への「ご案内状」を用意する時間もない。とりあえず各社のデスク宛てに直接電話をかけまくった（まだメールの利用があまり普及していない頃の話）。何とか記者とスチールカメラマンのスケジュールをまず確保してもらわなくてはならない。

週末を挟むため準備期間は実質1日だったが、本当に困ったときというのは顔や態度に出てしまう性分なのか、担当外の人たちも含めて休日返上で協力してくれるスタッフが現れた。看板も配布資料もお世辞にも充分な準備とはいえない「手づくり感」の漂う仕切りだったが、帰国早々に空港から日本テレビに戻った「ドーバー海峡横断部」の記者会見を何とか無事に行うことができた。

ここで求められていたことは、特別番組や新ドラマのようないわゆる格式ある豪華な記者会見をしろ、ということではない。ニュース性という意味で、帰国後すぐに場を設けることと、多くの人に企画の成功と感謝の気持ちを出演者やスタッフから伝えることだった。

まっ先に「できない理由」を考えてしまう人は、想像力が欠けているかもしれない。**依頼者の気持ちや置かれた状況に思いをめぐらしてみるといい。なぜ、相手はあなたにその仕事を頼んでいるのか。どのような成果を出せば良いのか。**

充分な時間と手間をかけて100点満点を取るのではなく、今すぐできることをたとえ40点でもいいのでやってみる。できれば40点を60点にまでレベルアップする。そして実際のところは、そんな突貫工事のような仕事がテレビの広報宣伝の仕事には多かったりもする。

他にも、仮に今10人のスタッフを配置して行っている仕事があったとして、それを自分1人で行うとしたら、どうすればできるか？　最低で通常1ヶ月かかることを3日で完成させるにはどういう方法があるか——。私は時々そういうシミュレーションをしてみる。「できる方法」を考えるという訓練をする。

とかく仕事は、戦略やハウツー的なスキルが重視されがちだが、実際にはそうしたノウハウはすでに多くの人が知っている。意外とそこでは差がつかない。最も大きく差がつくのは、自分の専門外だったり、質より量を求められたり、時間がなかったりという、一見「無茶ブリ」な、どたん場での勝負だ。

無茶ブリは、後になって考えてみると実に「おいしい」。

議論ばっかりしている会議や、なかなかGOサインが出ないという環境にいるよりは、よっぽど自分の「体力向上」につながる。思ってもみなかった自分の潜在力にも気づけるチャンスだ。「できない理由」をぐっとのみこんで、「どうしたらできるか」「どうしたら60点まで達するのか」に思いをめぐらしたい。

06

部署異動したい。人生を変えたトイレでの10秒

× 「あのときこうすべきだった」と後悔する。

○ チャンスは一瞬。チャンスに食いつく嗅覚を持つ。

人事異動についての相談を受けることがある。

「今の会社自体は嫌ではないが、今の部署を変わりたい。どうしたら異動できるのか」

というもの。

もちろん、それぞれの会社や部署によって様々な事情はある。どうすれば良いかと訊かれても一概にはいえないのが正直なところだ。

ポイントは二つある。

一つは「行きたい先（部署）の上司が、引っ張ってくれること」

もう一つは「今の上司や仲間が快く送り出してくれること」

とにもかくにも、**大事なことは「立つ鳥跡を濁さず」**だ。**異動の希望は上司に伝えつつ、現在の仕事に不満があるとか面白くないとかいうことは、現在の職場では決していわないこと。これは鉄則である。**

「石の上にも3年」といわれる。入社して2～3年くらいが過ぎると、普段自分がやっている仕事にも慣れてくる。社内の人間関係や会社全体の流れも見えてくる。活気のある部署や人望のある上司、先輩も自分なりに見えてくるだろう。

会社によっては半期に一度、あるいは年に一度は、上司との個人面談が行われることもある。そんなときに気をつけたいのが、今いる部署の不平、不満をいってしまわないことだ。「上司とウマが合わない」「仕事が面白くないから異動したい」といった、マイナス要素の理由を並べるのは、希望部署への異動という面では逆効果だ。

逆に「あの部署の上司が素敵だから」「あの部署は面白そうだから」「活気があるから」などと礼賛したところで同じだ。隣の芝生は青いのである。

今いる部署で不満を溜めて異動する人は、行った先でも同じ状況に陥る可能性がある。いつまでたっても不満は消えない。これでは本当の意味での自分のやりたい仕事にはめぐり合えない。そんなことは人事部や、部長クラスの人達にはお見通しである。

とはいえ、そのままダラダラと毎日を過ごしていては、いつまでたっても希望の部署に配属されない。

私の場合は、就職活動のときから広報や宣伝の仕事をしてみたいと思っていた。幸い入社して3年もすると社内の様々な事情や情報が耳に入ってくる。同じ部署や他部署も含め、一緒に働かせてもらいたい魅力的な先輩や仲間とも接する機会が増える。

そんなこともあり、報道の仕事がイヤなわけではなかったが、入社から報道局での3

年を経て広報局への異動を希望した。

すると偶然とは恐ろしいもので、その翌々日くらいだっただろうか。たまたま社内のトイレで広報局のトップの方と並んだ。

どうするか……。


「広報局にいってみたいんです」と率直に伝えてみた。

時間にすると10秒もなかったと思う。

いわれた方も、随分と驚いたことだろう。

その場では「お、そうか」程度の軽い返事だったが、翌年の人事異動で私は広報局に配属になった。こうした意志の伝え方が、必ずしも良かったとは思わない。たまたまその方の好意で、入社3年目の社員の希望を聞いていただいて偶然実現しただけかもしれない。

ただ、この「トイレの10秒」がなかったら、私は広報関連の仕事をする機会は、一生訪れていなかったかもしれない。いずれにしろ、私にとっては、その後の人生を左右する「トイレでの10秒」となった。


日頃から目の前の仕事を誠意をもって黙々とこなすこと。

そして「ここぞ」というときには瞬発力を発揮して、アクションを起こすこと。


誰もがビビるが、「ここぞ」というタイミングで臆してはいけない。

「あのとき、やっぱり声をかければ良かった」などと後悔はしたくない。

好機というのは、そう頻繁には訪れない。社内での異動を希望するということは、社外に転職することよりも、ときによっては配慮が必要なのだ。

07

転職するか悩む前に、やるべきたった一つのこと

× 転職するかどうか悩む。踏ん切りがつかないが、変化は欲しい。

○ まず「内定」を取る。本当の「選択肢」は内定を得たあとから。

以前、マイナビニュースのキャリアコーナーで、若い会社員に向けたコラムを連載していた。その関係で「転職をしたいけど、今するべきかどうかで悩んでいる」といった相談をよく受ける。

しかし、私の答えはいつも決まっている。

「悩むくらいであれば、転職しない方がいい」である。

「転職しようかどうか迷っているんです」という相談を受けたとする。

こういう人に限って「何を悩んでいるの?」と訊くと、たいてい「いや、どんな仕事が自分に合っているのか、まだわからないんです」とか、「当初思っていた仕事とは違う気がする」「もっと自分に合う仕事がしたい」などという。

「じゃあ、やりたいことは何?」と訊くと、「とくにない」「わからない」。

「転職に向けて準備はしてる?」と訊くと、「自己啓発セミナーに行ったり、英語の勉強はしたりしています」と。

こういう漠然とした「自分探し」の相談は、正直あまり他人にしても意味がない。

転職をしたい人がセミナーに行ったり英語を勉強したりするのは当たり前のことで、大学生が就活に向けて「就活マニュアル」や「業界研究本」を読むのと同じレベルの話だ。おそらく、今の仕事が漠然とつまらなくて、心が満たされていないので退屈なのだろう。だから、ついつい待遇のことに目が向き「割に合わない」などと、不満も出てくる。

転職を考えている人たちに必ず訊くことは、「何を叶えるために転職したいのか」だ。たとえば「給料を上げたい」「専門職として働きたい」「営業になりたい」などなど。目的がより具体的であれば、資格を取るなり、私に相談する以前にそれに向けた準備が自分で思いつくはずだ。

身も蓋もないようだが、そのくらい戦略的に自分の人生を決断できないのであれば、むしろオススメは、あまり深く考えず、若いうちは「偶然の出会い」を歓迎し、好奇心に従順に、そのときの流れに任せてとにかく動いてみることだ。「流れに任せてみよう」と覚悟ができれば、まだ若いうちであれば、思い切って新しい職業に飛び込んでみればいい。その先どうなるかは、飛び込んだ後からしかわからない。

「偶然の出会い」をつかむことも身を任すこともできずに悩むくらいであれば、現在の職場に留まればよい。

もしも転職活動をして、いくつか内定を得たならば、その時点で、はじめてその先の人生を選択する権利が得られる。「A社とB社から転職のオファーを受けたんですが、どっちにいこうか迷ってるんです」といった相談ならば具体的にアドバイスもできる。

テレビ局も平たくいえば日本の一般的な企業と同じで、数年ごとの異動を通じて、いろいろな部署を経験しながら昇進していく。だいぶ変わってきたとはいえ、基本は年功序列で定年制度もある。ベンチャー企業のように入社3年目の若手社員が部長職に抜擢されることもなければ、外資系企業のように管理職よりも部下の専門職の方が年収が高いといったようなことも、まずない。

もし、今いる会社で長く勤めていきたい、しかし希望する他の部署に異動したいというのであれば、希望する異動先の上司に引っ張ってもらえるよう、一緒に働きたいと思わせるような「空気づくり」が必要だ。もちろん今いる部門の上司や仲間たちと気まずくならないだけの配慮は必要だ。

一方で、今の会社自体を退職して、他の会社で別のキャリアを歩んでいきたいということであれば、他の企業でも通用するような、汎用性のある実力をすでに身につけていることが大前提になる。何か特定の分野の「スキル」が足りないのであれば、その部分だけを学べば済むが、そもそも社会人としての素養に欠けていては転職以前の問題がある。

「仕事は早いがミスが多い」「時間に遅れる」「言い訳ばかりいう」という社員が、他の企業に転職しても、普通は上手くいかない。転職の際の面接でも、そういう姿勢はすぐに見抜かれる。転職の際に人事部門の面接が必ずどこかで入る。いくら現場の担当者や管理職が「この人を採用したい」と判断しても、人事部門が「社会人としての適正に欠ける」と判断すれば、採用が見送られるケースも多い。

逆に「スピード感には少々欠けるが仕事は堅実」「時間は守る」「誠意があって真面目」という社員なら、転職先からも一緒に働いてみたいと思われる可能性は高い。採用する会社があり、快く送り出してくれる古巣があってはじめて、残るべきか、新しい職場に移るかを比較したり選択したりできる。

単に今の会社を辞めたいだけでは、そのような人物を採用する会社があるかどうかも疑わしい。

とりとめのない相談を他人にするよりは、まずは自らクイックに動いてみる。今の会社に留まるか否かを具体的に選択できる場面にいたってはじめて、それから先の人生を考えて、信頼できる人に相談すればいい。

08

31歳で日本テレビを辞めた理由

× 「あの会社はカッコイイ！」と、他社の待遇やブランドが気になる。

○ 「今の仕事のプロになりたい！」と、他社での可能性を探ってみる。

メディアからのインタビューでもプライベートでも、あいかわらずよく訊かれる質問が「どうして日テレを退職したんですか？」という質問。

この手の質問をしてくる人は、自分自身が一度も転職をした経験のない人の場合が多い。おそらく質問者のなかには、日本テレビという日本を代表する地上波キー局にいれば、給料も高いし社会的ステイタスもある。仕事も楽しい上に、会社も安定している。それなのになぜわざわざ……と思うのだろう。

そこまでは誰もいわないが、そう思って訊いていることは手に取るようにわかる。日本テレビを退職してからすでに16年が経つが、少なくとも100人以上の方から100回以上は訊かれている。

私は大学を卒業して日本テレビに入社し、31歳になった直後に退社した。最初の3年間は報道局で社会部の記者とニュース番組のディレクターをした。4年目から約5年間は、広報局で主に番組のPRや広告出稿などの宣伝活動を行った。

30歳になると、そろそろ次の異動が見えてきた。

自分は引きつづき広報や宣伝などのコミュニケーションに関連する仕事をつづけたいと思った。その際に必ずしもテレビ局という企業に勤めつづけることにはこだわらなかった。だから、転職をして、まだやったことのない新たな広報宣伝関連の仕事にチャレンジしてみたいと思った。いたってシンプルな理由だ。

決して、会社がイヤになったとか、人間関係でもめたとかではない。今でも古巣の人とは仕事もさせてもらっている。元の同僚や上司に会いにいったり、教えている大学のゼミ生を連れてスタジオ見学をさせてもらうこともある。

久しぶりに古巣の社内で知人に会ったりすると、みなさん当時と同じように接してくれる。16年以上経っても、あまり退職する人がいないということは、きっといい会社なのだろうと逆に誇らしくさえ思ってしまう。

自分のなかに「この仕事をつづけていきたい」という、**職種に関する強い思いがあるならば、その職種での専門性を企業の垣根を超えて高めていけばいい。**

この会社で活躍していきたいという所属への強い思いがあるのであれば、今の職場のなかで許される範囲で最善のキャリアを積んでいけばいい。

今の時代、選択肢はいろいろ多い方が良い。

そのことを考えれば、今の会社にいるのが正しいのか、否か。

答えは少し見えてくるはずだ。

入社10年以上経って、技術職や経理、法務といった専門職でない限りは、一度も部署異動を経験したことがないという人は少ないだろう。

次の異動先は営業、人事、総務、企画……といろいろな可能性があるなかで、自分にとっての最善の選択肢が見つからないならば、それはポジティブな意味での転職のタイミングといえるかもしれない。

09——非連続的なキャリアチェンジのすすめ

× 今の経験をすぐ活かしたい。経験を活かせる転職をしたい。

○ どうせ転職するなら、「やったことのないこと」で仕事の幅を広げる。

転職先にアップルを選んだのは、まったくの偶然の縁だ。たまたま広報関連を担当するポジションをアップルは募集していた。外資系の会社なので当然、英語力は求められるが、「英語力を磨いてから」なんていう準備を特別にしていたわけではない。

今から思うと、笑ってしまうくらい英語はできなかった。

それまでＴＯＥＩＣなど受けたこともなかった。大学受験で学んだのがほぼ最後で、大学の講義や海外旅行以外では使ったこともなかった。はじめてＴＯＥＩＣにトライしたところ、４００点台と外資系への転職はありえないくらいの散々な結果だった。受験英語で鍛えた単語程度は覚えていたが、ビジネス英語なんてテレビ局ではまったく使わなかったのだから仕方がない。

それでも自分が採用されたのは、アップルというまだ当時は歴史も浅かった外資系企業に、私がジグソーパズルの一つのピースのように偶然かみ合ったのだと思う。英語力など足りないものは、後から勉強すればすぐにできるだろうと、前向きに期待してくれたのもある。

私がアップルに入社したのは、２００１年の10月。まだiPhoneもiPadもこの世に存在しない。入社して3ヶ月後に初代のiPodが発売開始された。デザインや作曲、設計などの仕事で使うマッキントッシュという、当時、アップルはごく一部の層が利用する特別なコンピュータの会社というイメージが強かった。しかし、この初代iPodの発売以降、小中学生から年配の方まで、ユーザー層は急速に拡大していった。少数の専門家から誰もが利用する製品を製造・販売する企業へと、大きく変容していった。

多種多様な業界が存在し、次々と新しい職種が生まれてくる今の時代には、既存のキャリアの延長線だけでキャリアを考えるよりも、**ときには非連続的なキャリアチェンジによって、自分自身が大きく変わる必要がある。**わずか10年にも満たないこれまでの経験をこれからもずっと活かすことばかり考えるよりは、あえて自分の経験が活かせない世界に飛び込むことで自分自身が鍛えられ、変わっていくことができる。

若いうちには、そんな既成観念に囚われない柔軟な姿勢があった方がいい。

私もアップルという会社への転職には大きな期待があった。これまで自分が知らなかった世界に触れられるという好奇心からだ。

私にとって仕事でいちばんつらいことは、たとえば同じ広報の仕事でも、去年と同じことを今年も来年も、そして将来にわたって同じことばかり繰り返し、やがて飽きてし

まうこと。

そういう意味で、非連続的なキャリアチェンジは、自分にはフィットする。これまでの経験をあえて活かさずに、ゼロからスタートできるからだ。

アップルも入社後の私に期待してくれたのだろう。未経験の業界であっても、今の自分に足りないものは転職後にすぐに補えばいい。必要ならば会社も自分に投資してくれるし、もちろん投資された以上に自分も努力する。そう考えて、31歳で日本テレビを辞し、アップルに転職することとなった。

第２章

アップル、MTVで学んだ仕事術

10

日本テレビからアップルへ。異業種だからこそ、学びは大きい

×

転職者は「スキルが身についている」という会社側の都合を信じる。

○

転職者も「新しく学びたい」という自分側の都合で進化を狙う。

転職時の面接でよく使われる言葉は、次のようなものだろう。

「これまでの経験を活かして……」

これは熱意を感じる言葉ではあるが、とくに20代などの若いうちは気をつけた方がい

い。転職先で、今までの経験を活かして頑張ろうなんて思ってはダメなのだ。

なぜダメかというと、新しい勤務先は、自分が今までいた環境・社風とは違う。場合によっては業種、職種、ビジネスモデル自体が異なる会社に転職する場合もありうる。そんなときに「過去の経験を活かす」と思うことは、野球の試合にサッカーボールを持ち込むようなものだ。そのくらいのつもりで、新しい環境に身を投じてみる方が、結果として「転職する」という本来の目的にフィットすると、私は思う。

たとえば、外資系の会社ではコミュニケーションが英語のことが多い。日本企業なら電話や顔を突き合わせての会議が当たり前でも、外資系の場合は日本支社だけでなく、世界中から24時間英語のメールが送られてくる。これまで日本企業では「とりあえずお会いして……」などという仕事の仕方が多かったが、アメリカやシンガポールにいる相手と「お会いして」とは簡単にいかない。そもそもの企業文化が異なるのだ。

私がアップルに入ったとき、当時の社長であった原田泳幸さんから二つのことをいわれた。

一つは、「アップルに入社して身につけたいものを5つ挙げなさい。ひと月も経たないうちに、5つのうち3つ4つは身につけるのはムリだということがわかる。**それでも頑張れば一つくらいは身につくだろう。一つでも何かを掴めれば他のすべてがダメでも、その一つが次のキャリアにつながる**」と。

こういわれたときに、私はすぐに疑問を持った。

「これからアップルに入社するのに、今いわれたことは、さらにその次のキャリアのこと？　またすぐに転職することが前提なの？」

「アップルに定年までいることは絶対にないという意味なのか？」と。

これはアップルに限らず、外資系企業全般にいえることである。たとえ日本の企業であっても、いわゆる終身雇用制は崩れた。次のキャリアを見据えながら働くことはすでに一般的になりつつある。

もう一つは、**「テレビ局での実績はわかった。ただ、日テレにいたときと同じことを同じやり方でやるなら、わざわざアップルに来た意味がないよ」**と。

私が任されたのはAppleCareのCustomer Communication部門。いわゆる「カスタマーセンター」や「ユーザーサイト」などの既存ユーザー向けの情報発信であった。日本テレビでやってきたマスメディアを使う広告やパブリシティ活動とはまったく違った。10人ほどの社内のチームとは別に、社外には数百人体制のコンタクトセンターがあった。広い意味でのＰＲ（ダイレクトマーケティングやＣＲＭを含むパブリックリレーション）を行うことになった。

これまでのアップルでは、比較的「狭く深く」のコミュニケーションが中心だったが、iPod発売以降、オンラインサポートも含めた「広く深く」のサポートが要求されるようになった。

カスタマーサポートというのはやってみると面白いもので、ユーザーランキングなどで「ナンバーワン」を獲得することはそれほど難しくない。コストを度外視して「究極のサポート」を提供すれば、顧客からの評価は高まる。

しかし、当然、サポートの価格は見えない形で、製品価格や他のサービスとの天秤にかけられて、転嫁される。サポートが良くなる分だけ製品価格が上がってしまっては、必ずしも顧客のメリットにはならない。

そこで、電話や対面中心の修理や技術的なサポートと並行して、オンラインサポートを重視する舵取りを行うこととなった。また、この時期にアップルは延長保証制度（ACPP）を開始した。期間を延長できる代わりに別に費用を支払ってもらうというもの。さらに、iTunesなどの新しいサービスが定着しつつあった。

一部の専門的な人から支持されるコンピュータから、多くの一般ユーザーに支持されるデジタルデバイスのメーカーへとアップルは大きく舵を切った。

スティーブ・ジョブズは「Beyond the box」「デジタル・ハブ構想」といった言葉を使用したが、保証やサポートに対価を払う習慣があまりなかった日本人にどう受け入れられるのか、コミュニケーション上のチャレンジは多かった。


こうした経験が後々の自分の自信につながっていった。

何よりAppleユーザーの質と規模が大きく変化していった初代iPodの販売開始時期に「顧客の声」という現場の最前線を経験することができた。

結局、転職で大事なことは、新しい環境に身を置いたとき、**今までの自分のやり方に固執することではなく、まずは真っ白な気持ちと柔軟な姿勢で新しいビジネスに飛び込んでみることだ。そうすれば多くのことを学び、それがあなたの「次のキャリア」につながっていく。**それができずに「今までのやり方」に固執するのであれば、転職はある意味非常にリスクなことにもなる。この点には注意したい。

11

転職して、いちばん最初に仲良くなるべき人とは

× 転職者は煙たがられる。居場所がない。

○ 組織のなかの意外な「キーマン」と仲良くなる。

学校を卒業したての新卒社員は、部署と直属の上司が決まって配属されると、まずは同じ部署の先輩方に挨拶して回る。次に教育係の先輩のいうことを必死にメモしたり、席次表と照らし合わせて顔と名前を覚えたりする。

日本の新卒制度は、私は学生にとって恵まれていると思っている。まだ何ら実務や経験のない若者を、将来への期待と潜在力を信じて企業は採用する。上司の顔や名前の区別がつかなくても、相手はすでにあなたを知っていて、すべてが一からの経験だと思って、多少の失敗も大目に見てくれる。

転職の場合も、その会社にとってあなたは新しい人材であることに変わりはない。元からいる人たちは、おそらくあなたの年齢やキャリア、専門分野についての情報をある程度事前に調べて知っているはずだ。

ただ、新卒と違うのは、あなたは「即戦力」でなければいけないということ。なるべく迅速かつ円滑に社内のあらゆることを把握し、仕事を回していかなければいけない。

技術職などの専門分野の場合は、その職務のエキスパートとして扱われる。配属先の上司が上手く既存の仕事の流れに組み込んで、ポストと役割を与えてくれるのが普通だ。

難しいのは、私のように若くして管理職として転職した場合だ。

とくに年齢が若ければ若いほど、最初のハードルは高い。自分より社内キャリアの長い人、自分よりも年齢が高い人、過去にいくつかの大きな実績や実力がある人、自分よりも語学力に長けている人……。そういった人達にとって、若い社員が新しく入ってきて、自分の所属するチームを引っ張っていくことは、普通に考えて「面白くないだろう」と、まずは推測できる。もちろん、そんなことは百も承知で転職したのだから、ここは上手く立ち回らねばならない。

ポイントは三つある。

まずは、自分と同じ並びの立場にある他部門の管理職の人たちとの関係を良くすること。この同僚たちに変なライバル意識を持たれて対立してしまうと、以降の仕事はやりにくくなる（もっとも外資系企業の場合、他部門の管理職とは専門分野は異なっている場合が多いが）。

次に、上司の秘書やアシスタントの立場にいる人と仲良くなること。新しい環境で、自分のことを最もよく知り、期待してくれている人、ときには味方になって守ってくれる人は、間違いなく直属の上司以外にいない。いつでも相談や連絡が取れる状態でありたい。だが、上司が忙しい立場の人であればあるほど、直接連絡が取りにくくなる。秘書やアシスタントの人と良好な関係を築いておくといい。緊急の承認が必要なとき、急なトラブルが生じて上司の判断が必要なときなど、優先して間を取り持ってくれる。

私の経験上、外資系の企業の秘書やアシスタントの人たちは、実務や事務処理能力に関してズバ抜けて能力の高い人が多い。とくに優れた上司ほど優れた秘書を持つ。だからこそ、上司は信頼して自分のスケジュールや経費管理を秘書に任せている。

最後に、最も付き合いが難しいのは、先ほど挙げたような「(内心)面白くないであろう人たち」のことだ。こうした人たちの個人的な思いは、人それぞれなのでどうにも変えることはできないが、そのなかに一人でもいいから本音で話ができる人、いいにくいことでも正直にいってくれるような人を見つけることだ。

そのためには先手必勝、積極的に自分からコミュニケーションを取ってみるといい。積極的に話しかけて、場合によっては自分の弱点を少しさらけ出してみること。相手が疑問に思っていそうなことを自分の方から話してみるのもいい。親しみを感じてもらって、かつ、その人のプライドが保てる役割を担ってもらうようにする。そうすれば、いつかあなたが困っているときには、その人があなたの立場を代弁するかのように助けてくれるだろう。

決して新しい環境に媚びる必要はない。

ただし配慮は必要だ。

ヒエラルキーではなく、同じ目的を持ったチームであるということを認識してもらうことが、何よりも大切である。

仕事を上手く回すために大事なことは、やはり人間関係だが、まずは新しい部署で身近な3人を味方につけよう。そうすると、その先の仕事はぐんと進めやすくなる。

12 ―― だから私はメールがキライ。メール送信に潜む「地雷」

× メールは、とりあえずCCに多くの宛名を入れておく。

○ メールは、いつ誰を巻き込んでおくかに細心の注意を払う。

アップルに入社した初日に、驚いたことがある。

会社に到着して入館や経理処理などの簡単な説明を受けた後、自分の新しい席についた。日本テレビのころとは比べものにならないくらい広い、L時型のデスクで半個室風だった。日テレ時代の局長席よりも広い。たぶん、上司が気をつかってくれたのだろう。当時すでに販売終了していて店舗での入手が難しかった、いかにも私が好みそうなPower Mac G4 Cubeという、独特のデザインのステキなデスクトップコンピュータをフルスペックで用意してくれていた。セキュリティの関係でネット接続は自分で行ったのだが、ネット環境に接続し、メールソフトを開いた途端に〝大変なこと〟が起こった。すでに私の新しいメールアドレスが日本の社員のみならず、世界中の社員が共有するメーリングリストに登録されていた。入社初日のネット接続直後から数百件もの英文、日本文が入り混じった大量のメールに晒されてしまったのだ。

前職の日本テレビでは、業務上それほど多くのメールを使う機会は当時なかった。メールを送信する場合も、基本は一対一で宛名を書いてメールを送っていた。1日に10件も受信していなかった記憶がある。

これは大変な会社に入ってしまった……と直感した。

大半のメールは私個人に宛てられたものではなくグループメールなのだが、なかにはアメリカで同じ業務をしているカウンターパートナーの社員から、さっそく「入社おめでとう！」と書かれた（もちろん英語で）メールも混じって送られてきている。これには挨拶を兼ねた返事を返さねばならない。取り急ぎ、メールの「振り分け」機能を使い、自分に直接宛てられたメールとそれ以外のメールに分類した。

その日以降、これまでとはまったく違う、一見些細なメールを多用するビジネス作法をめぐって悪戦苦闘したことはいうまでもない。

それ以来思っているのは、**メールの本質は「to」ではなく「cc」にあるということだ。社外宛でも部内メールでも、自分がccに入っている場合、なぜ自分にccが入っているのか、そのccの意味を知ることが大事だ。**

「現在、まだこの件では、あなたとは直接やり取りはしていないけれど、先にccで知らせておくので、いずれ話が進展したときにはサポートをよろしくね！」といった自分への「巻き込み」の意味がある場合もある。

「おたくのチームの人から、こんな依頼メールが私の部門の担当者宛にあったけれど、そもそもこれって、うちの部署に振られるような内容じゃないんじゃないの？　上司であるあなたはちゃんと、このメールでの依頼のことを把握しているの？」というような「アラート」の意図があったりもする。だから、メールはtoで送られてくるものよりもむしろ自分がccに入っていたら、その内容について把握しておくべきなのだ。

もっとシビアなケースもある。たとえば自分が他の部署の人とやり取りをしていたとする。お互いの上司をccに入れて何度かやり取りをした結果、埒が明かないこともある。するとccとtoが入れ替わることがある。

これは「私たちでメールで散々話し合ったけれど解決しないので、あとは上司同士で直接メールで話し合ってもらえないか」とヘルプを求めるアピールだ。部下同士の喧々諤々のメールのやり取りを延々と見守っていたところ、急に自分がtoになって判断を仰がれて、思わずどきっとしたこともある。

ccに誰を入れ、誰を入れないかは、些細なようでいて非常に重要だ。

物事がこじれるまでccに上司を入れておかないと、後になって「何をしてたんだ！」となることもある。ちょっとした作業レベルの案件にあまり多くの人にccを入れてしま

うと、メールの数だけが増えすぎて、チェックしきれない状態にもなる。

「とりあえずccで○○さんも入れておこう」という安易な姿勢も慎まなければならないから、難しい。ある人をccに入れ忘れたために、その人を担当から外したかのように誤解されてしまい、大問題になってしまったこともある。

自戒の念を込めて、こんなことにならないように、日頃からメールは上手く活用したい。とくになかなか顔を突き合わせられない海外とのやり取りや、多くの関係部署や企業が関わるプロジェクトは注意が必要だ。

1日に50件しかメールが来ない人にとっては、メールチェックと返信は容易かもしれないが、1日に500件ものメールを受信する人にとっては、重要な連絡ほど見落としたりすることもあるからだ。送る側にも相手の状況に応じて配慮が必要だと思う。

苦い経験もあって、私はあえて「メールはキライ」と、今もいいつづけている。それだけ神経を使うという意味でだ。

13
アップルという組織に頼らず、プロとして働くということ

×
周りの評価を上げたい。
立派な肩書が欲しい。

○
評価は水もの。ポジションを
気にするより、プロ意識を育む。

外資系に転職したいと思っている人がいれば、日本企業との違いについては知っておいた方がいい。私は日本テレビという日本の企業からアップルというアメリカ企業への転職であったので、参考になると思う。

テレビ局は一般的な日本企業と、さほど変わらない。毎年新卒で一定数の採用があり、会社は社長を頂点としたピラミッド型の組織であり、指揮系統は、はっきりしている。アシスタントディレクターよりはディレクター、副部長より部長、部長よりは局長や役員が組織の上に立つ。社内でジョブローテーションもある。担当する番組が違って、入社年次が異なっていても、プロデューサーという職種の人同士は横並びのポジションであって、原則上下関係はない。社内の仲間であり、ライバルでもある。給与体系は基本は年功序列、定年まで勤めあげる人も多い。

一方、外資系の企業は中途入社組が多い。海外資本の企業が、はじめてビジネスを行う土地で新卒の学生ばかり集めてもビジネスにはならない。一般的には新しい会社ほど中途入社の割合は多い。私が入社した2001年時点のアップルも転職組が多かった。

「転職組＝即戦力」である。

みんな異なる専門分野を持っている。

私が所属した当時のAppleCare本部には様々な分野のプロフェッショナルがいた。メルマガ作成のプロ、モバイルコンテンツのプロ、ウェブマスターのプロ、コールセンターのオペレーションのプロなどがいた。コールセンターのなかでも一般ユーザー向け、企業ユーザー向けのプロがいる。他にもテクニカルサポートのプロ、サポート商品の開発のプロ、修理のプロ、サプライチェーンのプロ、ビジネス分析のプロ……と、それぞれのプロが集まってチームを形成していた。

新卒組もいたが、まだその数は少なかった。そして数少ない新卒組も含めて、何よりみんな若かった。外資系らしい特徴といえば、専門分野を持つプロの集まりであるから、あまり上下関係という意識はなく、肩書はいろいろであっても関係性はフラットだ。社員同士は互いに「さんづけ」で呼び合うのが当然だった。私はコミュニケーションマネージャー（日本企業でいうところの課長職）に就任したが、これもマネージャーという「まとめ役のプロ」としての肩書である。別にエラいわけでもない。

外資系企業の多くは、必ずしもポジションが高くなったからといって、部下をたくさん持つとか、使える予算が増えるとか、何かの権限が増すといったことに直結しない。ごく稀に上司である管理職よりも年俸の高い専門職のスペシャリストがいたりする。それはその人の専門能力の高さや稀少性によるからだ。若くして部長職になる人もいる。当然そのときは誇らしいのだが、ずっとそのポジションにいられるとは限らない。結果を出さなければ、ポジションが下がる。別の若い人がそのポジションに就くこともありうる。流動性が組織のダイナミズムを生む。

このように、いろいろな意味でフラットな関係であるからこそ、相手へのリスペクトと信頼関係が大切になる。**「あいつの方がポジションが高いから面白くない」「あいつの下ではやっていけない」と思うならば、すぐに会社を去るしかない。シビアだが、それは外資系であれば普通のことである。**

しかし、こうした違いは、時代の流れや個々の会社の歴史によっても異なる。たとえばアップルにも新卒組はいる。いくら外資系とはいえ、長年その国で定着すれば「新卒=生え抜き」を育てるのは当然で、徐々にこうした生え抜き人材の割合は増えていく。一方、日本の企業も時代の変化に合わせ、徐々に中途採用の割合は広がりつつある。

そして日本企業のなかにも外資系企業のような社風の会社も増えてきた。社内公用語が英語だったり社員の多様性も増している。外資系企業のなかにも、日本企業以上に日本企業らしい会社も目にするようになった。外資なのに基本、年功序列かつ長期雇用制度で、あまり社員の出入りがないところもある。外資系か日本企業かにかかわらず、企業文化の多様性は増している。

私は両方経験して、どちらにも一長一短があるように感じるが、「外資は○○」「日本企業は○○」といったレッテルは、今後ますます崩れていくのかもしれない。

14

仕事を「見える化」できない人は、憂き目に遭いやすい

× 結果を出すことに囚われて、何をやっているのか周囲からわからない。

○ 失敗はつきもの。失敗のプロセスさえ「見える化」してリスクを最小限にする。

日本企業に勤めているときには、あまり意識しなかったことに「レポートライン」というものがある。グローバル企業にとって、最も大切なビジネス上のルールはレポーティングといっていい。

転職したアップルでもそうだった。

ある課題に対してこういう考えのもと、こういう施策を行った。上手くいったケース、いかなかったケース。上手くいかない理由とそれに対する再アクションを「見える化」する。そして上司、または国外のカウンターパートナーとなる相手に定期的に送る——。それがレポーティングだ。

一人ひとりのお客様への対応が大事なのはもちろんだが、そのことを理由にレポートラインを疎かにして、「忙しそうに残業している。しかし何をやっているのかわからない」という疑念を上司やカウンターパートナーに持たせてしまったら、アウトである。**とくに外資系企業の場合、失敗することや施策の効果がないこと以上に、「何をやっているかが見えない」という状況が、いちばん相手に不信感を与える。そうなると外資系企業のジャッジは早い。**最悪の場合、このマネージャーはワーク（機能）してないとみなされて、あるときから重要な連絡が来なくなったり、プロジェクトから正式に外されてしまうことになる。そうなってからでは遅すぎる。

管理職は、チームの部下がスムーズに仕事を進めているか、困っていることはないか、さらに、部下が上司の仕事に影響を与えていないかを見ている。逆にいえば、上司にとっての仕事は、部下の仕事を上手く進めさせ、その結果をすべからく管理職に報告することである。そして、毎月、あるいは毎週、進捗状況を本国のカウンターパートナーにレポートする。

仮に部下が何らかのミスをしたとしても、そのことをそのままレポートラインに載せたりはしない。それは、その部下をマネジメントするのが自分の責任でもあるからだ。したがって管理職は、部下が何らかのミスをした場合、まずそのミスは報告すべきかどうかを考える。報告するとすれば、どのようなタイミングと文脈で報告するべきか。そのミスの原因はどういうもので、どのような対策を講じるのか。その上で自分や部下の責任の大きさはどの程度のものか。

このくらいのことを考慮した上で、状況に応じて、ときにクイックに、ときには少し間を空けてからレポーティングを行う。仮に部下からのレポートが滞っていると、上司は自分の仕事が進まない。上司の仕事が進まなければ上司の上司、そのまた上司の仕事も進まない。突きつめれば、会社全体の業務が滞るのである。

自分のレポートが遅れることは単に自分自身の問題ではなく、上司の責任につながる。グローバル企業においては、今、日本で何が起こっているのかが伝わらないという状況になってしまう。すると本国から「日本はやる気があるのか」という話にもなってくる。だからレポートラインを疎かにしてはいけないのである。

私もアップルに入社したてのころ、今までは業務内容を文章化して定期的にレポートするという習慣自体がなかったため、大いに戸惑った。しかし、自分の問題というよりは、自分の上司や他の人にも影響を及ぼすと知り、余裕を持ってレポートラインに報告を載せる準備をするようになった。

複雑そうに見える外資系企業の仕事のなかで、最も優先されるべき業務は、自分の業務をしっかり「見える化」して、レポートラインでしっかり共有すること。最初は不慣れだったレポーティングだが、だんだん習慣になってくると、自分の仕事をつねに客観視するためのツールにもなってくれる。

15

中途入社はなおさら。
周囲の期待値を上げすぎてはいけない

× 転職したら、大きな成果で周囲に認められたい。

○ 半年程度で小さな成功(クイックヒット)をとりあえず放つ。

アップルで、マネージャー職に就いたが、周囲はほとんどが一流企業からの転職組かつ、様々な分野のプロだった。有名な飲料メーカーのブランドマネージャー、大学の先生、MBAホルダー……。こういった人たちが外部から集まって、各自が自分のチームを社内につくっていた。異業種の専門家同士が、いかに同じ目標に向かってシナジーを生み出し、結果を出していくか。それがすべてだ。

私がアップルに入社したときも、これまで出会ってきた優秀なテレビマンとはまったく異なるタイプの優秀な同僚がいた。

31歳でまったくの異業種で管理職になった。

気後れすることは何もなかった――といえば大ウソになる。

でも、妙に自分のプライドを守ろうと「はったり」をかます意味もない。「俺ってスゴいアピール」をいくらしたところで、専門分野が異なる人同士では何の意味もない。テレビ局での経験と他者の外資系コンサルティング会社などのキャリアを比較しても、比較のしようがないのである。当然、過去の実績を比べたところでライバルになるわけではない。

まず行うべきは、自分の強みを活かすこと。

次に自分の弱みを克服すること。

そして自分が何を期待されているかを感じることだ。

今の仕事にきちんと向き合い、必要な知識をしっかり深めること。

無駄な虚勢を張らないこと。

とかく転職した当初は、自分の過去の実績や現在の能力を高く買ってもらおうと、周囲に吹聴したりして、周囲からの期待を高めすぎてしまうことがある。

これは絶対に禁物だ。

すぐに何か実績を出そうとして、それほど重要でもないような仕事についムキになってしまったり、転職先の企業文化や、これまでの仕事のやり方などを否定していきなり変えてしまおうと躍起になってしまうなどはもってのほかだ。周囲から浮いてしまうばかりではない。

着任早々に新しい仕事仲間から反感を買ってしまうことにもなりかねない。

「能ある鷹は爪を隠す」とはよくいったもので、着任後、周囲からの注目が少し収まるまでしばらくは、あまり手柄を立てようとムリをせずに、まずは周囲をよく観察すること。レポートラインの上司や仲間との信頼関係を築くこと。そして新しい企業の「顧客」を知ることが何よりも重要である。

そして、半年から1年ほどの間に何らかのクイックヒットとなる業績をまず出せば良い。このときの成果は、自分が最も得意とする分野で、かつ転職先の企業が重要だと思う内容であることが望ましい。

それも、**あまりガチガチにムリをして成果を出すのではなく、あくまでサラリと及第点が取れると、周囲の自分を見る目も変わってくる。**

気の利いた上司や先輩がいる恵まれた環境だと、新しく転職してきた社員には、入社後の社員の能力や、新しい職場でのキャッチアップを見定めて、こうしたチャンスを用意してくれることもある。

あまりムリをせずとも、ちょっとした成果を出すことに上司も周囲の仲間たちも協力してくれることだろう。私の場合も、最初のうちは随分と新しい職場でのプレッシャーを感じたが、幸い上司や職場の仲間たちに恵まれた。転職先で入社後にイヤな思いをしたことがない。むしろ周囲の協力でありがたく「お膳立て」されたチャンスを活かし、何度かクイックヒットを放つことができた。

とにかく焦りだけは禁物だ。

問われているのは、ただの実績や経験ではなく、周囲と協力して上手くこれからやっていけるという姿勢だ。

16

なぜか必ず5分遅れてくる人の話。ルーズさが引き起こす大きな失敗

×

ちょっとの遅刻は、忙しい証拠。バタバタでも成果を出せば許される。

○

遅刻は厳禁。相手の時間を数分たりとも奪うのは、相手を軽く見ている証拠。

毎朝、始業開始前の何分前に出社しているか？

待ち合わせの時間にキチンと着いているか？

私が大学の講義をしていると、不思議と毎回遅れてくる学生がいる。9時から授業が

はじまることはわかっているのに、なぜか毎度毎度5分遅刻。たまに電車が遅れたとか突発の事情ならまだわかるが、そういうわけではない。かといって1時間近くも遅れてくるわけでもない。毎回ちょっとだけ遅れるのである。

この程度のことは、本来は大学の先生が学生に注意するレベルの話ではない。しかし、こういう学生は就活の面接にも毎回5分遅れるのではないかと気になってしまう。就職後も会社に毎日5分遅れるのではないか、得意先を待たせてしまうのでは……と、将来がちょっぴり心配になる。

大人になってからは、誰も注意をしてくれない。打合せや待ち合わせに毎回相手を待たせる人は、「だらしない人」というレッテルを貼られるだけだ。たった5分の遅れだが、何も得することはない。正直、私がクライアントの立場であれば、理由がないのに毎回遅れてくる担当者と仕事をすることはない。テレビの撮影でAD（アシスタントディレクター）の到着が遅れてタレントさんが現場で待ち、いつまでも撮影がはじまらない、これが毎週つづくなんてことは絶対ありえない。結論として、誰かが何らかの手法でその〝問題〟を解決させるだろう（良くて配置転換など）。

これは単にその人の計画性のなさの話ではない。

相手を待たせることを平気に思っている人は、「相手を軽く見ている」という証でもある。想像力の欠如といってもいい。

このスタンスで仕事をすると、どの会社に行っても損をする。相手の時間を奪うだけではなく、仕事で相手にされなくなる。

相手への想像が働かない人は、十中八九〝デキる人〟ではないからだ。

もしも自分が待ち合わせにいつも遅れるタイプなら、自分の胸に手を当ててその状況を振り返った方がいい。自分は相手を選んで遅れているのか、相手を軽く見ているのか。そもそも単純に自分の計画性のなさなのか。生活リズムが乱れているのか。

いかなる理由であっても、早く改善しなければならない。

逆に自分が相手につねに待たされるタイプならば、相手との付き合い方を見直す必要がある。時間にルーズな人とは、あまり関わり合いにならない方が身のためだ。

罪悪感がゼロなだけでなく、なかには開き直っている人もいる。

「(ちょっとくらい遅れてもいいでしょ)そもそもウチ(の会社)はユルいから」などと。開口一番がそれでは、たとえ親しき間柄であっても、間違いなくビジネスは成立しない。そんなときは、思わず「ユルいのは会社じゃなくて、オマエだろ」と、ツッコミを入れたくなる。

時間に遅れるということは、どんな要因であれ、相手に「自分は大したことがない人間です」「相手を軽く見ています」ということをさらけ出してしまうこと。

神は細部に宿るという。

仕事も、数分遅れてしまうか否かにかかっている。

17 「外見や肩書に惑わされる人」は薄っぺらい人と見極められる

× 地味なタイプで自己主張も苦手。周りから評価してもらいにくい。

○ 地味か派手かはどうでもいい。外見や肩書で人を評価しない。

アップルから、ＭＴＶジャパンに転職した。

私はアップルという会社とブランドへの関心が強くて入社したので、アップルを経て将来コンピュータなどのハードウェアを製造販売する、いわゆるＩＴ企業に転職することは、考えなかった。ＩＴという業界よりも、アップルという企業が提供するデジタルデバイスやネットサービスといった新しい価値観や、ライフスタイルに興味があったからだ。

そんななか、ＭＴＶという世界最大の音楽専門チャンネルが日本法人の広報部門を強化するということで、広報部門をマネジメントする人材を探していると知った――。

日本テレビでテレビ番組の番宣やテレビ局自体の宣伝・広報活動を行ってきたという経験に加え、アップルではデジタルデバイスや音楽配信サービスのユーザーコミュニケーションを経験したので、外資系の音楽専門チャンネルの広報部門は、まさに自分にとっては、「ど真んなか」の新しいチャレンジだった。

ＭＴＶというと、どんなイメージを持たれるだろうか？

古くからのコアなＭＴＶファンの方にとっては、若者をターゲットにしたアメリカの音楽専門チャンネルで、24時間ビデオクリップを流しつづけることで知られているかもしれない。また、世界的に人気を博したリアルバラエティ番組や、地上波の深夜帯などで放送されたマイケル・ジャクソンやマドンナのビデオクリップの印象が強い方も多いだろう。

一方で、最近ＭＴＶを知った若い世代の方たちにとっては、スカパーやケーブルテレビに加え、スマホやネット上で観るｊ－ｐｏｐやアイドルユニットの印象もあるのかもしれない。また、ビデオミュージックアワード（ＶＭＡＪ）という音楽授賞式でＭＴＶを知る人も多い。

いずれにしても、日本の地上波テレビよりは、少し「尖った」イメージがあるのではないだろうか。


では、ＭＴＶで働く人たちは実際どうなのか？

10代、20代の若いスタッフの多くは、音楽業界やアーティストマネジメントに憧れてＭＴＶに入ってくる。こういう社員は、仕事でお金を得ることよりも、「やりたい仕事をやる」という夢を追いかけている。なかにはアーティストに憧れて、派手なファッションやヘアスタイルで自己表現をする人もいる。

こうした若い人が多い組織は、必ずしも机上のロジックや企業の利益のためだけで社内が動くわけではない。何がかっこよくて、何はダメなのか。ビジネスがその時々の「旬となる感情」で動くこともある。こうした若い感性を持つ企業の場合、社員の力が結集すると、企業の規模以上のものすごいパワーを発揮することがある。

一方で、社員のモチベーションが上がらないと、上手くいくはずの企画も予想通りにはいかないこともある。とくに番組制作やイベントの現場では、作品のクオリティにも影響する。クリエイティブな仕事やアーティスティックな活動を得意とする若い社員の人たちは、細かい経費の計算やコツコツとした積み重ね、打算・妥協の必要な営業活動などは苦手だったりもする。決してネガティブな意味ではなく「感性産業」なのだと思う。

同じＭＴＶ社内でも30代半ばくらいから50代、いわゆる管理職クラスになると、必ずしも音楽の世界への憧れだけで働く人たちではなくなってくる。服装は普通のビジネスマンに近い。大きな企業組織のなかで経験を積んできた人も多い（とはいえ金髪やＴシャツの管理職もいたが）。それでも、日頃から若いスタッフやアーティストと接触することも多く、内面的には若々しく楽しい人であることが多い。

私はMTVのように若い人向けのコンテンツを扱う業種（若くて華やかに思われる業界）に携わってきたが、私自身は若いころからファッションも髪型もほとんど変わらず、いたってコンサバ。もっというと、ラフだが地味だ。昔から私を知る人は、その変わらなさに驚くほどである。

どんな業界や会社で働こうが、その人の持つ外見とか明るさ、ノリの良さだけが求められているわけではない。外見や服装は、地味でもいいいし、何より等身大でいいと思う。

なぜなら、本当にデキる人というのは、相手の服装や相手の企業名、肩書でその人を判断しない。相手の「虚像」を見抜くことにも長けている。

むしろ服装やファッションから、その人の発するメッセージを読みとるのだ。たとえばユニクロなどのカジュアルブランドを日頃から身につける人には、「コスパ」が良いから買っているのではなく、「自分は高級ブランド品ではなくユニクロを上手に着こなす人です」というメッセージを含んでいることもある。

もちろん風呂にも入らず、髪がベタベタしているとかは論外。清潔感がないと即アウトだが、お金で買えるものを集めて、外見で虚勢を張ってもしょうがない。時間にルーズな人と関わってはいけないと先述したが、外見や肩書だけで相手を判断してしまう人ともムリに付き合わなくていいと思う。

「あの人はオシャレだし、自分なんか相手にしてくれないかも」

「あの業界は派手そう。自分がダサいと周りからバカにされそう」

などと、イメージに惑わされる必要はない。

もっというと、日々の服装で悩みたくないし、時間を割かれたくもない。外見や服装のことは、清潔感という最低限のルールを守れば、その他はどうでもいい。趣味の領域だと思っている。やはり目の前の仕事に集中して、単なるスタイルではなく、目に見える形の結果を出したい。

18

異動・転職だけが解決策ではない。
他部署の仕事から学ぶという選択

×

「自分の仕事じゃない」「他部署の仕事を押しつけるな」と考えてしまう。

○

異動や転職で得られる経験は限られる。他部署のことも貪欲に吸収する。

MTVでの仕事は実にわかりやすい。
広報（コミュニケーション）部長という職に就いた。
音楽専門チャンネルにおける、広報部門の業務のすべてだ。

部門の役割としては、番宣、企業広報、加入促進、イベントPR。地上波テレビと異なりCS放送局は、まず加入促進を行わないことには、どんなに番組宣伝を行ってもテレビ番組を観てもらうことはできない。

したがって、まずはMTVを観てもらうための加入促進を行う。そのため、様々な音楽イベントと連動して、加入促進のためのプログラムを走らせる。同時にMTVブランドを訴求しなければならない。

いくら世界的に有名な放送局であっても、日本国内での知名度は、当時まだまだ充分とはいえなかった。

放送局である以上、自社媒体の活用が大切だが、自社媒体は有料課金放送なので、視聴者の広がりは弱い（加入促進の効果は弱い）。したがって、どうやって自社媒体以外のチャネルを使って、少しでも自分たちの存在感を高めていくのかが重要だった。

多くの人が先述したビデオミュージックアワード（VMAJ）という音楽授賞式を聞いたことがあるかもしれない。広報部門としては、MTVが主催する最大級の音楽イベントなどの機会を加入促進や、知名度アップのために有効利用した。授賞式には世界各国から大物アーティストが来日し、レッドカーペットを歩く姿が地上波の情報番組などでも放映されるからだ。

MTVで働けたことは、私にとっては結果的に大きな収穫だった。

それは、日本テレビという地上波にいたときも、アップルというIT企業にいたときも、私は「営業」という分野を経験したことがなかった。クライアント（スポンサー）とメディア企業とのやりとりの周辺にいつつも、その渦中にいたことがない。MTVの日本法人はブランド力が強い割には比較的少人数の会社だったので、広報部門にいながらも、自社の営業部門がどういう動きをし、どのような役割と責任をクライアント企業に果たしているのかが、よくわかった。

小規模の会社で働くことの最大のメリットは、こうした他部門の動きも自部門のことのようにリアルタイムによくわかることだ。長年、宣伝広報などのコミュニケーション部門一筋でキャリアを積んできたが、一つ心残りなのが、もっと若いうちに営業部門を経験しておきたかったということだ。

幸い、MTVのときの経験が次の仕事に活きてくる。MTVからマクドナルドに移ると、今度は自分がクライアント側の立場でメディアと接することとなった。年間数百億円のマーケティング予算のなかのメディア予算を使うことで、メディア側のできること、できないこと、思惑などが怖いくらいにわかるのだ。

同じ会社内にいながらも、近くて遠かった営業部門が、どういう思惑でクライアントと接しているのか、肌身で理解できるようになった。これは自分が報道記者を経験した後に広報担当になったときと同じく、「複眼」を持つことの利点である。

19

小さい打算で転職先を選ばない。
経験は後からつながるもの

× 「これならできる」「結果が見える」と、評価されやすい仕事だけに食いつく。

○ 「今までに経験したことがない仕事」が、後から大きな経験になる。

私が日本テレビからアップルに転職した直後に、当時アップルの社長だった原田泳幸さんは、テレビ局で広報宣伝の経験を積んできた私を敢えて同じ広報宣伝職ではない、カスタマーサポートという職種に就けた。

その理由は、これまでやってきたことをそのまま新しい会社でやると、たいていは上手くいかないからだ、という。まずは異なる職場で異なる現場に触れた方がいい、と。広報宣伝のこれまでの経験と、新しい職場での新しい経験が、いつかつながって、次のまた新しい経験につながっていく、と。

そのときは、そんなものかと漠然と思っていたが、15年以上前にいわれたことが、今ではその通りになっている。

アップルの創始者、スティーブ・ジョブズが、2005年に米国スタンフォード大学の卒業式で行った有名なスピーチに「将来をあらかじめ見据えて、点と点をつなぎ合わせることなどできません。できるのは、後からつなぎ合わせることだけです」という一節がある。

ジョブズは、リード大学を中退した後に、再び潜り込んで受けていた講義でカリグラフの美しさを知り、それが後のアップルコンピュータのフォントに活きたという。やはり、経験は「活かす」のではなく「つながる」ものなのである。

私は現在ＰＲの仕事をしてるが、一口にＰＲといってもその領域は幅広い。「外向け」「中向け」「攻め」「守り」といった簡単な分類の他にも、「自社媒体」「他社媒体」の分類や「販促」「ブランディング」「危機管理」、そして「デジタル」「イベント」「パブリシティ」「広告」といった手法による違いもある。

日本テレビでは先述の通り、報道記者や番組宣伝の仕事に携わってきた。報道は自ら取材を行い、広く報じる仕事だが、番組宣伝では広告やパブリシティ活動を通じて、メディア露出を促進する。自分がメディア側として取材を行う活動から、メディアに取材をしてもらう側の仕事に変わった。

これだけでも「真逆」の立場を経験したが、アップルではカスタマーリレーションという未経験の分野にも携わった。これは主に既存顧客との良好な関係を築く仕事だ。これまでテレビ局で行ってきたようなマスマーケティングとは勝手が違う。マスマーケティングの基本が「広さ」だとすると、既存顧客向けのインタラクティブなコミュニケーションの基本は「深さ」である。

コストをいくらでもかけていいならば、どんな素晴らしい顧客サービスも提供できるのだが、その費用はすべて製品価格に転嫁されて顧客の負担となってしまう。費用対効果を考えなくてはならない。

ＭＴＶはテレビ業界だが、日本テレビのような地上波放送とは勝手が違う。もちろん番組宣伝のためのプレスイベントなども行ったが、地上波と違ってケーブルテレビやスカパーなどで契約して視聴してもらわないことにはいくら番組宣伝を行っても、それだけではあまり意味がない。加入促進のための地道なキャンペーンや企業ブランドを知ってもらうことも重要な役目だ。

このように私の経歴は、同じような企業のコミュニケーション仕事でも取材する側の経験、取材をされる側の経験をはじめ、少しでも多くの人に知ってもらうための広報や、ターゲットを絞り込んだ広報活動、既存顧客向けの長期的なリレーションづくりなど、幅広い経験になっている。目的さえしっかり定まれば、手段を問わずにありとあらゆる角度からアプローチすることができる。

会社を変わることによって、しだいに自分のできることの幅が広がっていった。

そうなってくると、多少の未経験のことが仕事上で生じても、何とか対応ができるようになってくる。

「できません」というような状況が少なくなる。

そうすると、ますます経験の幅は広がっていき、仕事は楽しくなっていく。

過去の経験が活きていると感じるのは、やはり新しいことに挑戦しているときだ。勘が働くようになってくる。つまり結果として「点と点がつながる」のだ。

「今までの経験を活かし、御社のために働きたいです」

面接でよく使われるワードだが、よほどの専門職でもない限り、経験なんて今すぐには役立たないと思った方がいい。後になって、これまでにない困難にぶち当たったときにこそ、不意に点と点はつながるのだ。

20

4社目の日本マクドナルドに入る前に考えていたこと、準備していたこと

×
少ない成功事例から、次のアイディアをひねり出す。

○
「まだやったことがないリスト」を洗い出してみる。

転職を決意し、次の会社が決まった。
さて、その後は何をしたらいいだろう。
もちろん辞める会社に対しては業務の引き継ぎや、お世話になった方々への挨拶や片

付けなどタスクが多い。

一方で、これから入社予定の会社については何か準備すべきものはあるのだろうか。

MTVを退職後、日本マクドナルドではマーケティングPR部という部門を立ち上げた。マクドナルドで私が行うべき仕事は、とてもシンプルだった。というのは、マクドナルドが日本に上陸したのは1971年、私がまだ1歳のころだ。私が入社した2006年の時点で、すでに35年もの歴史があった。

私がこれまで行ってきたような広報宣伝、顧客サービスは、当たり前だが35年の間にすでにほとんどのことが行われていた。プレスリリースやメディアリレーション、テレビコマーシャルの制作、メディアを使った広告などは、既存の部門によって長い間実施されてきた。

それにも関わらず、わざわざ新しい部門をつくることになったということは、「今までやったことのないコミュニケーション」を行うことが目的だ。

つまり、私が入社前に行うべき準備とは、マクドナルドがこれまでに「やったことがないリスト」をつくることだった。顧客のデマンド（要求）をいかに新しくつくれるか。ハンバーガーチェーン店として商品の味が美味しいことは当然期待されていることなので、「味の良さ」をいくら訴求したところで話題性には欠けてしまう。「やったことがないこと」「やりそうにもないこと」「これまでの施策の延長線上にないこと」……。

口コミの醸成、様々な形態のコラボなど、ありとあらゆる可能性を洗い出した。たとえば、当時はすでに日本ではブログの利用が定着していた。しかし、マクドナルドはブログを活用したプロモーションは行ってこなかった。理由は簡単だ。グローバルに共通しているプロモーションのガイドラインには「やってはいけないこと」として、オンラインを使ったインタラクティブな顧客とのやりとりが規定されていたからだ（おそらくBBS、電子掲示板システムを使った施策を想定していたのだろう）。

しかし、日本中にブログを使ったコミュニケーションが広がっていたので、**「やらない理由」ではなく「やれる方法」を考えてみた。**その結果として、はじめてブログと商品を連動させた商品プロモーションが実現した。

他にも、映画と商品のコラボ、大規模な商品サンプリング、店舗をメディアとして活用したバズ（口コミ）プロモーションなど、いくつかの企画が大ヒットすることになった。

期待されていたのは、要するに「新しいマーケティングPRの可能性」を探ること。「漠然とした効果」を出すのではなく、数字で計れる結果を出すこと。「海の水をサジですくう」ようなスケールメリットのないことは行わずに、規模感のあるクリティカルマス（普及率）を達成すること。そして「人」をメディアとして、その役割を意識することと（「wom（ワード・オブ・マウス）」施策の実施）。

それにしても、「すでにマクドナルドが過去にやったことは一切やらなくていい」というのは、実に厳しい業務内容だったと思う。

転職するときに、その会社が「やってきたこと」を分析するのは当たり前。むしろ「まだやっていないこと」「やったら面白いこと」をリストアップしておくと、転職後に必ず役に立つ。

第３章

日本マクドナルド、ミクシィ、世界の医療団で学んだ仕事術

21

たかがランチと侮ってはいけない

× 相手の「いうこと」を一言一句、聞き漏らさないように一生懸命になる。

○ 相手の「伝えたい本当のメッセージ」を全身で受けとめる。

前職（アップル）での原田泳幸社長とのご縁もあり、またMTVジャパン在職中にマクドナルドが提供する大型コラボレーション企画の広報を行なったご縁もあって、MTVから日本マクドナルドに移ることとなった。

マクドナルドでは、先述の通り、新規部門の立ち上げを行うことになった。

これまでにマクドナルドがやったことのない商品ＰＲを考えてデマンド創出を行うように、との依頼だった。

やはり転職後の焦りは禁物だ。

まずは、新しい職場での顧客ニーズをしっかり把握しなければならない。

四国で現地のエリアマネージャーと２日間同行し、現地を視察する機会があった。午前中の仕事を済ませてランチに行きましょうということになり、地元に詳しいエリアマネージャーが店選びをしてくれた。

初日は香川県。私はあまり香川を訪問したことはなかったが、香川といえば讃岐うどん。地元でいちばん美味いと評判の店を選ぶのだろうか、それともガイドブックには載っていない地元ならではのマニアックな店だろうか——。

どんな店を選ぶのかと興味津々だった。

訪れたのは老夫婦でやっている、ちょっと古びたうどん屋。広い駐車場には車も多く停まっている。店内には４人掛けのテーブルが10セットほどあり、すでに満席。たしか２８０円ほどの素うどんに天ぷらを入れても３００円台。リーズナブルで、しかも美味しい。回転率も高い。すでに原価償却も終わっているような古い木造の建物で、２階は店主夫婦のお住まいになっているのだろう。

重要なのは、このうどん屋の目と鼻の先１００メートルほどのところに、マクドナルドの店舗があったことだ。マクドナルドでランチをとると、セット価格で最低でも５００円台。２８０円のうどん屋がこれだけ近所にあると、厳しい闘いが繰り広げられていることは容易に想像がつく。

「東京には、こんなうどん屋さんはないでしょう。我々はこういう所で闘っているんですよ」という、エリアマネージャーからのメッセージを感じた。

翌日のランチは、高知県のショッピングセンター内の回転寿司店だった。新鮮なカツオのたたきの握りが１００円ほどで提供されている。しかも美味い。同じフロアには、やはりマクドナルドの店舗がある。

ここの寿司ランチであれば、地元の新鮮な魚の握りをそこそこ満腹になるまで食べても1000円以内には収まる。決して安くはないが、味と新鮮さと価格とのバランスを考えると、マクドナルドのバリューセットもこのショッピングセンター内ではあまりお得感はない。

こうした店にわざわざ案内してくれたエリアマネージャーのセンスは素晴らしかったと思う。ハンバーガーショップの競合店が、必ずしも同じような全国規模のチェーン店とは限らない。

このように、同じ食事に行くにしても、単にごはんを食べるだけではなく、相手からのメッセージが含まれていることがある。

たかがランチと侮ってはいけない。

ビジネスシーンでのランチといえば、ついつい「親睦を深める機会」くらいにしか捉えない。しかし、油断していると大事なメッセージをスルーしてしまう。

ランチに限らず、お茶をしたり、打合せの後の雑談でもそうだ。

「口に出さないメッセージ」までも、しっかりと受けとめる。

そして、しっかり応える。

「あなたがおっしゃりたいのは、〇〇ということですよね」などと、わざわざ口に出して応えなくていい。

相手が考えていること、求めていることを心で受けとめて、真摯に向き合う。

そして、相手に応えられる結果を出すだけだ。

22
得意分野に囚われない。課題解決しながら身につける

✕ 日々の仕事に追われて、腰を据えて勉強する時間がない。

○ 目の前の課題をクリアすることが、自己開拓につながる。

「石橋を叩いて渡る」ということわざがある。ご承知の通り、固くて壊れるはずのない石橋でも、渡る前に一度叩いてみて安全を確かめてから渡れということだ。

日々の業務のなかで出てくる新たな課題に、どのように取り組んでいるか。

「やれることはやる」

これは当然。

作業的な仕事は黙々とこなし、今までの経験から課題解決できることは、誰でもどんどんやれるだろう。

「やらなきゃいけないけど、ハードルが高い。ムリそう」

この場合はどうだろうか。

たとえば異動で新しい部署に配属されたら、右も左もわからない。すぐに一人前に仕事をすることは不可能だ。だが、今までの資料に目を通したり、関係のある部署や人物に挨拶したりはできるだろう。

同じように、新規のプロジェクトでも、資料に目を通したり挨拶はできるだろうし、課題をリストアップすることもできる。そうすると、リストアップした課題の10のうち、いくつかはすぐにできるはずだ。

そして、そこから先が勝負である。

あなたは10の課題のうち2つを解決した。残りの8つをどうやって解決するか。

そこではじめて解決に向けて本腰で取り組む。わからないことを調べたり、詳しい人に訊ねたりして、少しずつ解決に向かっていく。そうやって積み重ねた努力は、知らず知らずのうちに自分の力になる。

もしかすると、日々の仕事に追われて、腰を据えて勉強する時間がないと嘆いているかもしれない。しかし、得意分野は自分で開拓していくものではなく、やるべき課題に向き合っているとき、とくにハードルが高い課題を解決しようとしているときに磨かれていくのだと思う。**はじめから「これを得意分野にしよう」と考えるのではなく、次に活かせるかもしれないし、活かせないかもしれないという「壮大な無駄」を積み重ねた後から得意分野はつくられていく。**

石橋を叩くのも大切だが、ときには思い切って渡ってみたり、他の橋を探してみたり、舟をつくって川を渡ったり、泳いだりしてみよう。

石橋を叩きすぎると、「期日に間に合わない」「私にはムリ」ということにもなりかねない。

23

転職でムリに年収を上げようとしてはいけない

×　金銭的な損得勘定で、転職すべきかどうか迷う。

○　興味があるなら、ケチケチしないで飛び込んでみる。

転職は若い方がしやすい。
なぜなら、生活のために最低限必要な収入額が低いからだ。
もし今20代で、親と同居している場合だと、生活費をいくらか親に渡したとしても、コツコツ貯金をすることはできる。新卒と比べても給料に大差はないだろう。今すぐ転職しても、失うものはない。

これが40代、50代になると話は変わる。

結婚して子どもが二人、大学生と高校生がいるとする。上の子は他県の大学に通うなどしていたら、仕送りも必要。家と車のローンもある。となれば最低限必要な年収は、若いころと比べると桁違いに高くなるだろう。「最低でもこのくらいの収入が必要」という条件があれば、採用する企業側だって相当の専門的なキャリアがあるか、重要な部門を任せることができなければ、ムリに採用はしないだろう。

とはいえ、若い人に安易な転職を勧めているわけではない。自分が今いるステージから5年後、10年後、そして20年後、30年後の自分を想定して、最低限もらわなければいけない額は如才なく計算した方がいいという意味だ。

たとえば、今やっている仕事よりも、やりたい仕事が他社で見つかったとする。年収450万の人が500万もらえるという条件ならいいかもしれないが、提示された額が400万だったらどうなのか。一時的には低くなるけれども、5年後、10年後、自分の将来につながる、やりたい仕事につながると思えるならそれもいい。

逆に、今の会社で頑張れば、5年後に500万になるかもしれない。仕事は面白くないが、会社の業績は安定している。長くいれば昇進し、給料もアップしていくだろうと思えるなら、そういう選択があってもいい。


転職は、今のあなたの市場価値を試すバロメーターでもある。

どのくらい転職先の会社があなたに来て欲しいか。今の給料の3倍出しても採りたいといわれたら、転職後の仕事は今の3倍分の結果を要求される。3倍（分の結果）なんて到底ムリだと思うのであれば、そのお誘いには何か裏があるのかもしれない。

逆に今の年収より下がったとしても、インセンティブでいくらつけますという提示なら、それは「結果を自ら出せ」というエールかもしれない。本気で転職する気があるのかどうか人間性を試されているのかもしれない。


私の考え方はこうだ。

転職時に年収が数十万といったレベルで一時的に下がるのは、あまり気にしない。なぜなら、**私は自分の好奇心に従って、新しい経験を「買う」ために転職するからだ。しかも、転職というのはご縁なので、慎重かつ、どこかで「跳ぶ勇気」がないと、できる転職もできなくなってしまう。**

数十万程度の収入の上下に、変にケチケチしていたら、転職なんてしない方がいい。今の仕事をつづける方が安全だ。

しかし、年収を気にするなという意味では決してない。

結果を出した際は、年収としても評価してもらう。生々しい話は避けなければならないが、これまで収入という意味でも、私は着実にステップアップすることができた。これまでやったことのない新しい仕事にチャレンジしつつ、収入面でも着実にステップアップできたという点に大きな意味があると思う。

24

もらった名刺の数は関係ない。むやみに人脈をつくろうとしない

×

人脈が少ないと焦る。社外の交流会にも積極的に参加する。

○

損得勘定では本当の人脈は築けない。物欲し気な自分を戒める。

「朝活しています」
「異業種交流会に参加しています」
「いろいろな業界の人と積極的に名刺交換をして、人脈を広げています」

そんな勢いのある方々と、よく接する。

SNSが普及して、親しい友人知人とは、日常的なコミュニケーションが取りやすくなった。さらに、あまり親しくない人とのコミュニケーションも頻繁に行われる機会ができた。どうせなら、こうした出会いの機会をポジティブに考えたい。

ただ、それだけではダメだ。そんなものは人脈ではないといわれることも多い。仮にその出会いが「ビジネスにつながりました」「ビジネスパートナーになりました」「営業成績につながりました」ということになったとしても、それは本当の人脈ではない。

単なる「ビジネス」である。モノを売ったらお金が入った。情報を提供したら紹介料を得た。仕事を頼まれたら対価を得た。これらはすべて普通の「give and take」なのだ。それを「人脈」といってはいけない。

正直なところ、日常会話のなかであまり「人脈人脈……」という人には良い印象がない。こういう人は必ず何かの見返りを期待してくる。ちっぽけな貸し借りの話で後から面倒くさいことをいわれたりする。

では、本当の人脈とは何なのだろうか。

私の場合、自分が５０００人の人と直接知り合いであることよりも、１００人の人と非常に親しい間柄にある50人の人と、長く良い関係でありたいと思う。知り合いの数をただ増やすだけなら、今の時代はＳＮＳなどを使えばいくらでも数は増やせる。

これは最近のコミュニケーションに関わる職業にもいえる。たとえば有力ブロガーといわれる人で、いくら一つの記事で何万人ものアクセスがあったとしても、私はその数自体は魅力的にはまったく感じない。極端な話、何か「炎上」に近いような過激なことを書けば、アクセス数だけはいくらでも集めることができる。ただ、こうした形でムリやり集めたアクセスは定着しない。瞬間的なアクセス数は、ネット上を刹那的に刺激から刺激へと、つねに彷徨っている。このネタに飽きたら、すぐ他のネタに跳びつく。情報が次から次へと消費されるだけだ。

多くの人が「人脈」だと思っている関係にも、こうしたただの「アクセス数」にすぎない関係も多い。

私のために一肌脱いで動いてくれる人がいる。無償の愛を感じる。いつかお返しをしなきゃいけないと思う。でもまったくお返しができていない。そして私は、「後ろめたさ」を感じる。

ところが、こういうお世話になっている人に限って、まったく見返りなど求めてこない。私は申し訳なくて、ますます「後ろめたさ」を持ちつづける。**いつか何か頼まれたら、ぜひ協力させてもらいたいと思っている。そう、こういう「後ろめたさ」を相手に嫌味なく感じさせつづけることが人脈なのかもしれない。**

反対に、私が何かをその人のためにしたことで、私に「後ろめたさ」を持ちつづけている人がいるかもしれない。

私はその人に対して、何もお返しは求めない。でも、いつか自分が本当に困ったことがあれば、相談するかもしれない。

もしかすると何も相談しないで一生が終わるかもしれない。

できれば、そうであればいいと思う。

このように考えていくと、「give and take」などといった見返りを期待する行為ではなく、「give and give」によってはじめて本当の人脈は生まれると思う。

やはり「人脈を求めない」「人脈人脈と口にしない」ことが、人脈につながっていくのではないか。

損得勘定をしすぎる人、ケチケチした人には、やはり人は寄り添ってこない。そして世の中のビジネス本は、あまりに安っぽく「人脈」「人脈」といいすぎる。

25

「残業」は会社の外で自分のためにしよう

×

会社を出ると、仕事のことは一切考えない。オフ時間がもったいない。

○

「オフも仕事の延長」と思えるような仕事を最初から見つける。

私は社会人になってから今まで、よほどの繁忙期ではない限り、残業はしない。入社当初の3年間を除けば、ほぼゼロだ。

もっとも「定時に来て、定時に帰る」という意味での「残業をしない」ということとは、少し違う。これは働いている環境によるのかもしれないが、始業時間と就業時間は基本的に自分で決めている。あるいは選べる環境にあった。

たとえば朝7時にどうしても現場に行かなくてはいけない日があれば、朝6時台には現場に到着する。そして、もし昼過ぎになって現場を離れて良い状態になれば、自分自身の判断で早々自宅に帰る。ムリに「18時までは仕事しよう」なんて考えない。

逆に21時からどうしても立ち会わなければならない用事があれば自分の判断で深夜まで立ち会うが、次の日は昼過ぎに出社するなどして自分で調整する。要は1ヶ月単位で辻褄が合えばいい。私以外にもこうした働き方の人はテレビ局には多かった。「自分で勤務時間を管理する」ということが、プロデューサーとしては最低条件だ。個人の裁量がほぼ認められていた。もちろん結果も責任も自分で管理するのだが、「何時に出社して何時に帰るか」という小学生レベルのルールを気にする必要はなかった。

昨今、残業（過重労働）の問題が大きく取り沙汰されている。

しかし、好きな仕事をしている人と、希望したわけでもない仕事を生活のためにしている人では、そもそも残業に対する考え方は大きく違ってくる。これを同列に扱うから話がややこしくなり、いつまでも平行線をたどる。

好きで仕事をしている人にとっては、仕事時間は自己実現の時間でもある。没頭して仕事に取り組んでいれば、あっという間に時間が過ぎる。だからこそ、好きなことを仕事にしている人はひたすらその道を邁進する。ピアニストがレパートリーを増やすためにピアノの練習をするのも、プロ野球選手が素振りをするのも、「好き」が原点にある。あまり「残業をしている」という感覚はないだろう。

もっとも、私は1日24時間のなかで、会社で働く時間と、自分のために「投資する時間」とは分けて考えていた。

たとえば、自分が外資系のアップルに勤めはじめたときには、英語力のなさを実感した。すると当時の上司が配慮してくれて、会社の経費で英語のレッスンを受けさせてくれた。正直ありがたかった。レッスン料がどうのこうのというのではなく、英語を学ぶことの大義名分を与えてくれたからだ。あとは自分自身の時間のやりくりの問題となる。半年だったか1年だったか忘れたが、随分と経費も高かっただろう。しかも個別レッスンの講師が週2回わざわざオフィスに来てくれた。

朝7時に出社して会議室で2時間のレッスンを始業時間まで受けたが、問題はこの時間を「勤務」と思うか「自己投資」と思うかの意識だ。会社の解釈というよりも、個人の考え方しだいだと思っている。私の場合は、英語のレッスンを勤務時間とは考えない。8時間働いて、2時間英語レッスンを受けたから、その日は2時間の残業をした――などとは考えないのだ。

たとえば、レストランのシェフの場合は、休みの日に自分の店以外の店に料理やサービスの研究にいく。映画業界に勤める人は、休みの日にも映画を観にいく。テレビ局の人は、家でテレビを観ることが直接仕事につながる。

自分の仕事のため、自分の幅を広げるために率先して情報に接したり、ノウハウを学ぶことは、特別な業界でなくとも、私は普通だと思うのだが、どうだろうか。

仕事以外の時間に、仕事にも通じるような何かを吸収し、学んでいるだろうか。

「仕事につながるような勉強をしようと思うけど、毎日時間がない」

「連日付き合いで飲みにいくので、上司や仕事の愚痴をいってしまう」
「休みの日は疲れをとるので精一杯」
もしそんな状況だとしたら、学ぶということ以前に日常生活に疲弊していることになる。

ここは一つ、仕切り直しが必要だ。
時間がないなら通勤時間に学ぶ。上司の愚痴を飲みの席でいうくらいなら、同僚と一緒に上司を黙らせるような企画を練る。疲れている週末は月曜日に備えて、おいしいものを食べて充分睡眠をとる。

それでも**「仕事以外の時間に仕事のことを考えるなんて、もったいない」「たいした給料じゃないので、仕事のことは極力考えたくない」という人は、その仕事がフィットしていないのかもしれない。**いっそ、もっと打ち込みたくなるような新しいことにチャレンジしてみるのもいいのではないか。

これからの時代「好き」でない仕事を「お金」のためだけにつづけることは、途方もなく「しんどい」ことになっていくだろう。

自分のやりたいことを仕事にすると、うっかり24時間、ありとあらゆることを仕事につなげて考えてしまう。たとえ会社員であっても、個人事業主やスポーツ選手、アーティストと同じように、仕事以外の時間にも何らか学びつづけようとする。そうして、新しい企画やアイディアを思いついたりする。

会社にだらだら長居しても意味はない。

退社してからの時間を有効に使うために、周りの目なんか気にせず、さっさとオフィスを後にしよう。

26 ── 専門分野をバージョンアップしつづける

× 自分の専門分野は10年以上も携わっているので、誰にも負けない。

○ 経験年数は関係ない。専門分野の「新しい切り口」を吸収しつづける。

仕事上のフォーマルな場で自己紹介をするときには、冒頭で「コミュニケーションのプロです」と端的に伝えることにしている。

「コミュニケーション」という言葉は、広報・PR・広告という言葉をすべて含んでいるつもりで使っている。それらはあくまで手段であって、必要なければこうした手法を用いない場合もあるからだ。「プロ」と敢えて自分でいうのは、かれこれ25年も、同じ職種に携わっているので、応用力を働かせれば、たいていのことはカバーできると自負しているからだ。

昨今ＡＩ（人工知能）の発展により「10年後になくなる仕事」というフレーズをよく耳にする。オフィス業務もここ20年、ＰＣの導入により飛躍的に効率化された。今後も専門的な知識が必要な仕事であっても、ますます効率化は進むだろう。10年後に気づいても遅い。

別の見方をすれば、あなたしかできない独自性の高い仕事をいかに創造するかが、今後の生き方のカギになる。いわゆるＵＳＰ(Unique Selling Proposition、自らの強み）の発見だ。

自分は、すでに何らかの専門分野を極めた人かもしれない。

そしてさらに掘り下げたい――。

しかし、ちょっと立ち止まって考えてみたい。掘り下げた先に、10年後の自分は見えるだろうか。

広報を例に挙げてみよう。20年前、企業の広報活動といえば「プレスリリースを出すこと」「社報をつくること」「メディア取材を促進すること」などが主であった。ところが時代は変わった。動画コンテンツをつくってYouTubeに載せる。大学との共創事業の運営やユーザーコミュニティを運営することなどを含めて今日では「広報」と呼ぶ。このように、かつての「プレスリリースの書き方を極める」という次元では「プロ」として時代から取り残されてしまう。これからさらに先の広報を見据えて、クリエイティブの視点を学んだり、アドテクノロジーを取り入れたり、直接的な顧客以外との連携を図ったり、行うべき課題は多い。

いく度かの転職を経験して結果的にわかったことであるが、様々な業界かつ様々な立場から企業や団体の「コミュニケーション活動」に携わり、自分自身の仕事の切り口をつねに見直すことで、専門分野を「バージョンアップ」することができた。

私は広告クリエイティブのプロではない。パブリシティのプロでもない。アプリ開発をしろといわれてもプログラミングはできない。しかし、どのような業界であっても、団体や企業のコミュニケーション活動における課題が何であり、どうすれば解決できるのか、ということはわかる。これが自分の強みになっている。

企業の広報部でも、プレスリリースの書き方からモバイルマーケティングまでをカバーしたり、テレビ広告など多様な媒体を用いて総合的にＰＲ施策をプランニングできる人は少ない。そこに私が入ることによって、広報やマーケティング、営業、ＣＳＲの連携など他部門同士の連携や相乗効果を上げるようなプランニングが可能になる。実施は企業内でのみ可能だが、どう進めていくかというポイントを提案できるのは、私のＵＳＰ（自らの強み）である。

もし自分は今専門分野を極めたいと思っているのなら、同じ仕事をただ繰り返すのではなく、あえて異なる分野にチャレンジすることをお勧めしたい。

必ずしも異動や転職でなくてもいい。お金をかけてクリエイティブやプログラミング、あるいは英語以外にも他の言語を習得するなどして、今の仕事と新しい分野を掛け合わせてみる。そうすることによって、キャリアを横に広げていける。広く浅くという意味ではない。仕事の幅が広がるにつれて、翻って仕事を掘り下げることにもつながる。幅広く、かつ深く専門領域をカバーしているという自分のＵＳＰ（自らの強み）を高めていくのだ。

これからの時代、10年後、20年後のために、自らの付加価値を高めることが必要だ。この会社に勤めつづければ、今から10年後、20年後の姿も見えてしまう（いつまでも同じ仕事をしているだろう）という人は、やはり今からアクションを起こしたい。

27 ―― 転職は決して人に相談してはいけない

× 転職するべきか、しないべきか悩む。アドバイスが欲しい。

○ まずは内定を獲得する。悩むのはそれからで間に合う。

マクドナルドで働いていたとき、店舗とニンテンドーDSとのコラボを行い、その情報をミクシィを活用して発信していくという施策を行った。

そのような施策を通じて、営利企業でありながら、あまり営利企業っぽくない当時のミクシィという会社に興味を持った。もっといろいろな試みをマクドナルドの予算を投資して大規模に行いたかったが、ミクシィからの積極的な反応はあまりなかった記憶がある。普通は代理店を通じてメディア企業に声をかけると、すぐにでもいろいろな新しい提案や既存メディアのバナー枠などの販売提案があるものだが……。

しかし、その営利企業らしくない当時のミクシィの姿勢が新鮮だった。まだまだこれから成長するプラットフォームだということが直感的にわかった。おそらく社内には数百億円のマーケティング予算を年間に投じる企業とガッチリと組んで「大きなことを行う」という体制が、当時は確立されていなかったのではないかと思う。

もっとも自分が転職して「中の人（社員）」になると、開発の問題や競合企業との契約の問題など、プラットフォーム企業ならではの、難しい問題がたくさんあることは、すぐにわかった。

ある日、笠原社長他何名かの役員の方たちと会食する機会をいただいた。それがミクシィ入社のきっかけだった。

間もなくして、マクドナルドからミクシィに移ることとなったが、私は人に「転職をした方が良いかどうか」をこれまで相談したことがない。

相談できる友人知人は多くいる。

だが、一度も転職経験のない大企業や公務員、あるいは仕事の友人に相談したところで「そんなに転職してどうするの？　少しは同じところで10年くらい勤めたら？」といわれて終わってしまう。

彼らのアタマのなかには日本の古き良き終身雇用、年功序列制度が残っているだろう。「安定」という意味では、重厚長大産業など同じ会社で正社員として働きつづけることはメリット大だという前提なので、転職の相談をしたところであまり意味はない。

逆に私よりも転職の経験が多い外資系企業の友人に訊いてみたところで、同じだろう。「それが自分の新しいチャレンジになるのであれば、やってみたらどうだ」の一言で終わってしまう。

こういった友人は、みな共通して自分なりのキャリアに関する考え方をしっかりと持っている。将来どういう形でリタイアをするか、そのタイミングまでも考えていたりする。「自分のキャリアは自身で考えること」というのが当然なので、面白い出会いや機会を与えてくれることはあっても、あまり他人の人生には介入してこない。

では、どうしても人に相談したいことがある場合は、どうしたらいいか。

転職を人に相談するのに、いいタイミングはいつだろう。

繰り返すが、やはり正解は、「採用通知をもらった後」である。

「それじゃ遅いよ」と、あなたはいうかもしれない。

だが会社を辞める辞めるといっている人に限って、実際にはなかなか辞めない。「辞めたい」といっているだけで、実際には転職活動にまでいたらないことが多い。

本当に転職をする覚悟のある人は、誰にも事前には「辞める」「辞めたい」などとは一言も相談のないまま、ある日、突然、退職届を出す。

他人に今の職場の愚痴をいったり、将来の不安を払拭できない段階で人に相談してみたりしても、相談する方も相談される方も時間のムダになるだけのことが多い。転職に関する決意も計画も、まだ具体的ではないからだ。転職を決意して成功する人は、そのことをちゃんと知っている。

まずは転職先の一つ二つの内定を得てから、人に相談すればいい。

他人に相談する以前にまず大切なのは、実際に転職するかどうかはともかく、自己分析だ。

今、自分の置かれた立場を俯瞰してみよう。

たとえば——。

自分は仕事の面白みもわかってきて、最近はどんな内容でも一通りこなせるようになってきた。社内でも一人前の評価を受けている感触はある。年齢的にはそろそろ異動もあるだろう。

ふと社内を見渡すと、10年後、20年後の自分のサンプルとなる上司や先輩たちにはあまり魅力を感じない。ならば比較的若いうちに転職して、もっと自分の可能性を広げたい。30歳を過ぎて結婚したり子どもができてから転職したりすることは可能か。守りに入っている先輩の影もちらつく。タイムリミットは近づいているかもしれない。

……といったところだろうか。そしてさらに深掘りしていく。

今すぐに自分が転職するとしたら、何を強みにできるだろうか。自分で考えてもなかなか答えが出てこない。かといって上司や同僚に相談するわけにもいかない。外部の人に訊いても、あなたの人物評価はできても仕事の実力まではわからない。どうすれば、自分の市場価値を客観的に評価できるのか。

答えは一つ。

いちばん簡単な方法は、興味を持った企業には、いちど履歴書を送ってみることだ。実践することによって、自分がどんなことをやりたいのか、どんなことに興味を持っているのかが見えてくる。

転職した後のことまでは、その時点では考えなくていい。

転職した後で、一生その企業にいるかどうかなど、自分にも、他の誰にもわかるわけがない。

いざ履歴書を送ってみる。5社送ればそのうちの1社くらいは、次の面接に進めるかもしれない。10社送れば2、3社から内定が出るかもしれない。逆に、全然お声がかからない……と落胆するかもしれない。

そこではじめて、自分の市場価値を客観的に知り、将来を選択することができる。今のあなたが得ている収入より上がるのか下がるのか、入社後にやる仕事は今のあなたが将来やりたいことにつながっているのか。もしも今とまったく同じ仕事で同じ評価だったら、転職するメリットは本当にあるのかどうか。

転職について、もし誰かに相談するとしたら、このタイミングである。

そして、**自分の客観的な市場評価と、相談相手が考えるあなた自身の市場価値とのギャップについて訊くこともできる。**

いくつか採用通知をもらったけれど、どこにしようか迷っている。こういう業界で、はじめてのチャレンジだ。年俸はいくらだ。採用通知をもらった企業は今の仕事と大きくは変わらないが、組織規模が大きくなる。ポジションは変わらないが、年俸は10％増える……。などなど、具体的に相談することができる。

すると、相談された相手も「〇〇業界は年俸も良く、最初はやりがいもある仕事ができるけれど、40歳を過ぎると現場から離れてしまい、仕事内容は変わってくる」「〇〇会社であれば、先日セミナーで○○社長が中途採用方針でこんなことをいっていた」など、具体的に知り得る限りの情報で応えてくれるだろう。

もし、結局は転職をしなかったとしても、転職活動を経験したことは、自分自身を見直し複眼を持つことにもなる。自信にもなるし、その後の働き方を考える材料にもなる。

もし転職を考えているなら、いつまでも悩んだり、とりあえず他人に「転職したい」などと相談するよりも、まずは実践あるのみ。

人に相談するのは、内定を得た後で充分間に合う。

28

転職の際には「最悪のケース」を考えてみる

× チャレンジよりも不安が先に立つ。

○ チャレンジにリスクはつきもの。「失敗しても食べていける」自信をつける。

私がミクシィに転職したのは、2009年のこと。

当時のミクシィはSNSの先駆けとして国内シェアも高く、飛ぶ鳥を落とす勢いだった。それだけに、ベンチャーの多くが抱える課題を持っていた。

それは「企業の課題が見えにくいこと」「長期戦略が定まらないこと」である。当時は社長・笠原健治さんをはじめとする若い会社であり、社員もみな若かった。そんななかでマクドナルドの部長職から移ってきた私は、年齢的に一回りは上で、役職的にも、ちょっと近寄りがたい存在であったのかもしれない（といってもまだ39歳の若輩だった）。私自身、SNSは頻繁に利用していたが、プログラミングやWebエンジニアリングについての知識や経験が多かったわけではなかったので、遠慮もあった。何億円ものプロモーション予算を、ほぼ即断できた大企業の立場から、数百万円のプロジェクトにも社内で議論をする社風に、慣れない面もあった。

今でこそ、周りの若い代理店の方々や大学の教え子たちが私のことを平気でいじってくるようになったが、今振り返ると、当時もっと私から若い人に近づいていけば良かったと思う。良くも悪くもミクシィにいたころは、まだ自分が若手だと思っていたので、自分よりもさらに若手を育てる意識はあまりなかった。もっと自分から多くの若い方々と接すれば、もっと課題を共有することもできたのではないか。私自身も自分の立ち位置についてどう立ち振るまうかの過渡期だった。

さて、どんな場合でも転職というのは多少のリスクを孕む。

私もいちばん最初の転職をしたとき、日本テレビの元上司からいわれて、今でも大切にしている言葉がある。

「本当に困ったことがあったら、いつでも戻ってきなさい」

という言葉だ。

いわゆる日本型終身雇用制の安定した在京テレビ局から外資系のコンピュータ会社への転職は、傍から見ても不安に思えたのだろう。

そのときの上司は「（最悪の場合には）戻ってきたら自分が何とかしよう」と本気で思ってくれたのだと思う。

しかし、私はその言葉に安心したものの、逆に軽い気持ちでは古巣に顔を出せないと思い、その後、5年ほどはその上司に会いにいかなかった。下手に顔を出すと、その元の上司が「転職先で何かあったのか？」と心配すると思ったからだ。

あのとき以来、いつも「最悪の場合」というものを考えるようになった。

「最悪の場合」というのは、年齢によっても家族構成によっても異なってくる。日本テレビからアップルに移ったときは、まだ結婚して間もなかった。夫婦二人の生活だけなら、どう転んでも何とかなると思った。マクドナルドからミクシィに移ったころには、二人目の子どもが生まれ、いつの間にか私の生活は4人家族になっていた。生活に必要な家計費もひとり暮らしと比べると格段に上がっている。子どもたちの成長とともに学費の負担も増える。人によっては転職に二の足を踏むような状況にもなる。

堀江貴文さんと対談をさせてもらう機会があった。彼は独特の口調と思いきりの良さで、こういった。「家族をどうにかしないといけないなんて思うことの方が、思いあがりですよ。どうなったって生きていけるんですから」。私は思わず家庭を回していくことの必要性を「サステナビリティ」という言葉で説いたが平行線だった。今ではときどき堀江さんのような、ある種の身軽さがうらやましく思えることもある。

一方で、こんな考え方もできるようになった。

あるとき、マクドナルドの入社直後に親しくなったマクドナルドの店長が、数週間の店舗研修の際、だいぶ慣れてきた私に「いつでも店舗にきて働いてください。ちゃんと時給払いますから」といってくれた。もちろん年齢も近かった店長と私との冗談だ。だが、たとえば本当に私たち夫婦二人が店舗で働いたとする。仮に時給1000円で1日8時間ずつ働いたとすれば、贅沢しなければ生活できる。

もともと私はあまり無駄遣いをしない。車も持っていない。ローンもほとんどない。今の日本で夫婦で時給アルバイトとして働くことができる覚悟さえあれば、飢え死にすることはない。店長の一言は本当にありがたかった。その先のプレッシャーから解放され、随分と気が楽になった。

かつては、転職を重ねるとクセになるとか、転職回数が多いと不利になるといわれていたが、今の時代、転職の回数はまったく問題にならない。逆に転職のことを一度も考えたことのない人の方が珍しいだろう。

チャレンジをすることは単純に楽しい。「最悪の場合」「もしもの場合」はどうすればいいかという覚悟が据われば、きっと迷いはなくなっていく。

この覚悟は現在にもいたっている。

29

東日本大震災で大半の広告がお蔵入り。非常時に自分は何ができるのか

× やりたい仕事だが、収入面を考えると躊躇してしまう。

○ どうすればできるのか？「できる方法」を考える。

東日本大震災をきっかけに、仕事や人生に対する考え方が変わった人は多いのではないだろうか。私は、あの出来事がきっかけで5度目となる転職をしたが、今までの転職とは異なり、いろいろな可能性のなかから、諦めずに最善の方法を見出した。

私にとっては、これまでの企業から企業への転職とは違う、分岐点となるような転職だった。

ミクシィに入社して2年目の2011年3月11日に、東日本大震災が発生した。ミクシィがちょうど期間限定のテレビCMスポットをはじめた翌日であった。ご記憶の方も多いと思うが、テレビ番組のCMの多くはニュース速報や特別番組に変わり、自粛された。ミクシィのスポットCMも予定していた大半の枠が放送中止となった。高額の広告費を使ってスポット枠を買っていたが、その多くはAC広告のCMに差し替わった。

最初のうちは「こりゃ大変なことになった。広告費は返ってくるのか?」という素朴な疑問が生じたが、震災や津波の映像を目にするうちに「そんなことを考えている場合ではない」という思いが強くなっていった。

大震災の経験は、1995年の阪神・淡路大震災についで2度目。前回は私は報道記者として駆け出しのころで、右も左もわからないまま現場に放り出された。無我夢中で取材をすると同時に、自分の無力さに打ちひしがれた。

東日本大震災では、いてもたってもいられなかった。

とはいえ、現場に自分が赴いたところで、今の自分にできることが少ないのはわかっていた。仮に自分の貯金を切り崩して、半年くらい現地でボランティアに参加することも可能だが、自分には家族もいる。自分の家族を顧みず、後先を考えずに、先の見通しが立たないことはできない。個人の力には限界がある。

自分の「過去の経験を活かす」ことは、これまであまりこだわってこなかったが、今回ばかりは自分の経験が活かせる形で、何らかの被災地に関わることをしたかった。だから、広報やプロモーションのプロという立場で、できることは何かと考えた。

そんなとき、世界の医療団というフランスの国際ＮＧＯ団体が広報職員を募集していることを知った。世界の医療団といえば、国境なき医師団の創立者でもあるフランス人医師ベルナール・クシュネルが、１９８０年に創立した歴史ある団体である。

他のＮＧＯが震災直後から現地入りして支援活動をはじめていたのに対し、世界の医療団は長期にわたって息の長い医療支援活動をする団体として知られている。東日本大震災の発生以降、他の団体が活動を休止した後も現地での長期医療支援を行った。

発生直後から半年~1年といった短期的には、被災に関する多くのメディア報道が行われるため、人も支援金も集まる。ボランティアも全国から大勢が協力するだろう。一方で3年、5年の中長期にわたって支援活動を行うことは、どのような団体も、まして個人ではなおさら難しい。多くの困難がともなう。

これまでメディアのなかにいた自分だからこそ、わかる。メディアの報道は、発生から1年が経つと半減かさらに縮小する。3年経つと、ほぼ通常体制に戻る。ボランティアは長期支援を継続するとなると、年度をまたぐことで資金的な困難もともなう。本当の「広報の力」が試されるのは、東日本大震災においては「長期支援」だと直感した。「広報という立場で、腰を据えて支援活動に携わりたい」という私の直感は、今から考えれば正しい。世界の医療団という団体は、これに最も相応しい団体だったと思う。2011年9月から、この団体で働くことになった。

ただし、最も大きな課題は、私自身の生活面だった。

今までメディア業界から外資系企業やベンチャー企業へと、自分なりにキャリア面でも収入面でもステップアップを重ねてきたが、今回のチャレンジについては、これまでとは勝手が違った。非営利団体という性質上、正職員とはいえこれまでと同水準の収入は得られない。給与の上限は最初から明確に決まっていた。必ずしも成果主義でインセンティブ制度があるわけでもない。

これまでは、少なくとも転職をすることによって、ポジションが上がり、責任が増えることによって年俸も増えてきた。そして結婚をして、二人の子どももいる。


いったい、どうしたものか……。


これまで自分がつねに選択したのは「できない理由」ではなく「できる方法」を考えること。今回もそのように努めた。

世界の医療団の当時の事務局長は、フランス人の女性だった。率直に、個人的な相談と前置きした上で、週5日をフルタイムで働くと、現在の年俸がおよそ3分の1になるので家族が生活できないと伝えた。その上で、世界の医療団で働きたいので一緒に「できる方法を考えて欲しい」と伝えた。

すると異例のことだったかもしれないが、「週3日勤務、かつフレックス」という提案をしてくれた。私の経歴を見て、週3日勤務というイレギュラーな雇用形態を認めてくれたのだ。

もっとも、週5日勤務でない分、収入は5分の1になった。

ただし週3日のNGO勤務とすることで、残り週4日は個人事務所でPRプロデューサーとして企業のマーケティング支援などのコンサルティング活動などを行うことができる。あとは私自身の「時間の使い方」と「稼ぎ方」の問題になる。週3日をNGOで働き、収入が5分の1になったとしても、残りの週4日で前職の5分の4以上の収入を得られれば、前職と変わらない生活水準を継続できる。

問題は週4日の勤務で、どこまで安定的に収入を得られるかどうか……。

これまでの転職では「やりたい」という思いが強く、給与や待遇は後から独りでについてきたが、このときばかりは周囲から多大なサポートをいただいた。これまで付き合いのあったところだけでなく、新規も含めて複数の企業から声をかけていただき、年間契約として安定した業務委託契約を結べた。

仕事をいただける目処が立った時点で、個人事業主として登録し、これで当面は今まで通りの生活を維持できる見通しが立った。

しかし、今思えば忙しい毎日だった。

世界の医療団に転職してからは、本当の意味での「休み」をとった記憶はない。

「週に一日も休みがないなんて！」と思われるかもしれないが、そう思うのはおそらく企業勤めの人だろう。そもそもフリーランスや企業経営者には「土日」といった感覚はない人が多い。このころは逆に休みが一日でもあると、かえって不安になったくらいだ。

幸い年間契約をいただいた企業の他にも、イベントPRや定期的な講演依頼やプロジェクト参加依頼などをいくつもいただいた。以来6年が経っているが、生活面では家族に不便はかけないで済んでいる。

人生、いつ何どき何が起こるかわからない。**やりたかったこと、やり残したことを忘れずに持っていると、何かの拍子に歯車が合って動き出すことがある。**私の場合は新人記者として阪神・淡路大震災のときにロクに役に立てなかったことが、心のどこかでトゲとなり心に刺さっていたのかもしれない。「やりがい」と「収入」「生活」のバランスを考えつつ、5回目の転職では最善の策を練ることができた。

よく「起業（独立）した理由はなんですか？」と問われるが、こうした経緯だったため、現在にいたるまで独立した明確な理念や信念などはない。週3日をNGOという非営利団体の広報責任者として被災地などの支援活動を行い、残りの週4日を企業などのPRやマーケティング支援という営利活動を行う。残りの週4日の営利活動のために、起業したということだ。その時点では、そうすることが最善であったし、他に方法はなかった。

このとき「できない理由」をいい出したらキリがなかったが、「できる方法」を提案してくれた世界の医療団の仲間たちと、個人事業主として駆け出しのころ、私のあまり得意でない事務・経理関連の複雑な仕事を快く引き受けてくれた友人たちには、今でも感謝の気持ちでいっぱいだ。そして、好きにやらせてくれた家族、個人事業主にもなった私に仕事を依頼してくださった方々。この恩は、ずっと忘れられない（返せないかもしれないが、忘れずにいたい）。

企業とは異なる非営利団体への転職は難しい選択ではあったが、このときに決断し行動に移せたことは良かったと思う。私が転職をすると、どんな大企業やキャリアアップであっても、妻は必ず最初は反対をしたが、なぜかこのときだけは「やった方がいい」と後押ししてくれた。安定収入は大きく下がる恐れがあるときに限って、背中を押してくれた。

もしかすると、「(収入が大きく下がるかもしれないけど）それでもやってみたいんでしょ。やらないで後悔するよりマシ」と感じてくれていたのではないか。

30

世界の医療団から、大学教員へ

×

40歳を過ぎたら、大きい組織の落ち着いたポジションが欲しい。

○

複数の仕事が相乗効果をもたらす。経験値を高め将来の選択肢を広げる。

「複業」という働き方が広がりつつある。

ここでいうのは、「副（サブ）」的な働き方ではなく、「複＝複数」の仕事をかけ持つ働き方。ダブルワークである。

一つの企業に所属していた場合、もちろん自分の将来的なキャリアについて、上司との面談などの機会があれば、自分の希望を会社に伝えることはできる。しかし、最終決定を行うのは企業側だ。自分の意図しない転勤や異動の辞令があった際には、究極的には会社の決定に自分が従うか、会社側との相談や調整を重ねて妥協点を探すか、あるいはどうしても調整が上手くいかず会社の方針が自分の意に沿わない場合は、自分が会社を去らなければならない。

一方で、日頃から複数の仕事を並行して行うならば、万が一勤務先の倒産や人員削減で自分が仕事を失っても、もう一つの柱を軸に生計を立て直せる。また、一方の仕事でキャリアを積みつつ、もう一方でまったく異なる分野にチャレンジすることもできる。そうして仕事の幅を広げていくことで、一つだけの会社にいた際には経験できないようなチャンスに恵まれることもある。

こうした働き方は、一見新しい働き方のように見える。

しかし、私はそれほど新しい働き方ではないと思う。

意外に思われるかもしれないが、私はシンガーソングライターの小椋佳さんの生き方をとても参考にしている。小椋佳さんは「シクラメンのかほり」「愛燦燦」「夢芝居」「泣かせて」「夢追い人」など数々のヒット曲を生み出した他、自らもシンガーとして活躍する。

それだけでも稀有なアーティストなのだが、小椋佳さんはシンガーソングライターであると同時に、銀行家としても第一線で活躍していた。東京大学卒業後、銀行マンとして要職を歴任する傍らで音楽活動を行ってきた。今でこそ副業・複業が少しずつ認められてはきたが、小椋さんは1970年代から、歌手と銀行マンとしての活動を20年あまりにわたって両立させている。銀行在職中に紅白歌合戦への初出場も果たしているのだ。

私は、40代になってミクシィを退社したときにはじめて「複業」をすることになった。遅いくらいだと思う。

週3日、NGO団体である世界の医療団で働き、残り週4日は企業のPRやマーケティングの仕事をした。でも、小椋さんの活躍に比べたら、まだまだひよっ子のようなものだ。

私は二足の草鞋を履こうという気はさらさらなかったが、東日本大震災を機に、結果としてそうなった。現在は東北芸術工科大学にて教員として教鞭を執りつつ、同大学の職員として広報部長の職にもある。また、個人事業主としてスタートした企業のPRやマーケティング分野での支援活動は、現在は株式会社（東京片岡英彦事務所）となり、継続している。この他、講演や執筆活動、「東京ウーマン」という働く女性向けのネットマガジンの編集長も兼ねている。世間からは複数の草鞋を履いているように見えるだろう。

こうして、結果として「複業スタイル」になったが、結論をいえば、若いうちはムリな複業を勧めない。今打ち込める仕事をしているのなら、それに専念するのがいちばんいいと思う。

20代や30代の方に転職の相談を受けると、私は決まって「転職はしない方がいい」とアドバイスする。本当に転職すべき人は、私に相談するまでもなく、すでに自分自身の結論は決まっているのだ。私に相談するくらい、自分の意志がグラついているようであれば、転職など軽率にしないで、一つの仕事に絞るに限る。

「複業」「副業」に関しても、そうなのだ。「複業」「副業」する人は、相談しなくても勝手に、あるいは必要に駆られて自らの意思ではじめていく。

どうしてもやりたいことがあり、それが今の部署では実現できないのであれば、まずは社内異動を希望したり、転職したりすることに貪欲にチャレンジしていけばいい。比較的キャリアを積んだ人であれば、週5日勤務に固執ぜずに可能性を探ってみるのもいい。

これからの働き方は、どんどん多様になって面白くなっていく。週休3日制度だったり、週3日勤務、あるいは在宅勤務、テレワーク……。いずれ「複業スタイル」は、全然珍しいものではなくなるだろう。

第4章

転職の「数」にこだわる人はアホである

31

ＮＧＯと営利活動。二足の草鞋《わらじ》の履き方

×

非営利団体と営利企業は別もの。
両方やると、将来にしわ寄せがくる。

○

両者の橋わたしの視点を持つ。
相互理解が仕事を進化させる。

世界の医療団で、はじめて非営利団体のマーケティング広報に携わることとなった。
たとえば営利企業であれば、1億円のプロジェクト予算を使えば1億円の効果が生まれる。これは当たり前である。「1億円費用をかけた」結果、出た効果を「1億円分の

効果」と呼ぶからである。1億円のマーケティング費用のなかには、広告制作費、イベント費、会場代、人件費、出演費、アルバイト代、印刷代、交通費などが含まれる。

しかし非営利団体のマーケティングは、必ずしもそうとはいえない。

たとえば同じ1億円の予算があったとする。有償ボランティアを活用する場合も多いが、無償ボランティアが行ってくれる場合がある。この場合、かかるのは活動費などの実費である。会場も無償で提供していただくことがある。タレントを起用する場合も、実費は団体が負担するが出演料は厚意で無償の場合もある（もちろんすべてではない。移動等に実費はかかる）。

現地で使用する車の提供を受けたり、特定のサービスの利用が無償で可能だったりと、非営利企業の場合は同じ1億円でもそこには「利益」のためのマージンが乗らないことが多く、また無償による協力もあるので、その多くは実費として活用できる。

一方で、時間の使い方やクリエイティブの制作においては妥協をせざるを得ないことも多い。たとえば、これまではちょっとした移動であれば、自分の時間コストを考えれば微々たるものなので、タクシーで移動をしたが、NGOでは合理的な理由がない限りは、タクシーは使用できない。営利団体と非営利団体との頭の切り替えが、最初は難しかった。個人で行っている営利活動であれば、迷わずに外部ベンダーに委託してその日に終わるような活動も、自分たちで手作業で行ったり、ボランティアの方たちが協力してくれる日時に合わせて計画的に行わなければならない。

それらの経験は、辛かったというものではなく、自分の仕事がまだまだ一面的であったことを教えてくれる貴重な機会となった。

これまでの仕事は企業というものを中心に、商品が売れるため、企業が信頼されるため、顧客に知ってもらうため……といったコミュニケーション活動を行ってきた。**しかし、広報やＰＲを行うのは、販売や利益の論理だけではない。**

世界の医療団では、東日本大震災の支援活動以外にも、途上国支援やホームレス支援などにも携わった。営利企業の視点だけでは、とても回せない領域において、マーケティング活動の一環としてどう包摂していくか。そんな視点を持つようになった。

それと同時に、パブリックリレーションにおいて、企業がどうやって非営利組織との接点を持つべきかという大きな課題についても考えるようになった。これまでの非営利組織は企業から寄付金をいただくということが多かったが、今後は企業との共創活動を通じて、対等な立場でともにアイディアを出し合って、社会に新しい価値を生み出していかなくてはならない。

国際NGOでの活動を通じて感じたのは、日本においては、まだまだ営利活動を行う企業と、非営利活動を行うNPOや教育機関、公共団体が別々のものとして捉えられていることだ。

営利企業には社会の一員としての非営利活動への理解が不足し、非営利団体においては、営利企業への理解が不足している。営利企業は利益ばかりを追求しすぎて、公共性に配慮が及ばず結果的に利益を失っている。

非営利企業はマーケティング思考が弱い。つねにコストセンターの範疇を出ない。予算も不足しがちで、企業をも取り込んでスケール感のあるダイナミックな活動を行えるような人材が育っていない。

そんなことを思っていた矢先に、東北芸術工科大学に企画構想学科という日本で唯一のプロデュースを専門に学ぶ学科があることを知り、そこで教鞭を執る機会を得た。2015年以降は週に8～10コマほどの80分講義を行っている。

私自身、齢40半ばを過ぎ、自分の仕事だけでなく、次の世代の人材のことをだんだん考えはじめるようになった。自分の二人の息子たちが中学生と小学校の高学年に成長したこともある。

やはり世界の医療団で働いたことは、自分にとって大きかった。社会のことも考えていくという、広い視野を持つ重要性に改めて気づかせてくれた。

32

最悪の事態を招かないために。
働きながらできる人生のリスクヘッジ

×

服装、車、住居。年相応のモノでなければ
相手から信用されない。

○

見得やモノに縛られずに、
チャレンジの機会を増やす。

自分にとっての「最高の贅沢」とは、何だろうか。

私は高級外車で都内を乗り回したり、高級ブランド品を身につけたりすることが「最高の贅沢」だとは思わない。そもそも車を買ったことがない。高級ブランド品も身につけない。嫌いなわけではなく、今最優先するものではないだけだ。だから他人からは、あまり贅沢をしているとは思われない。

本音では、どうせ所有するのであれば、安っぽいものよりは高級なものの方が良いに決まっているのだが、自分の生き方としては「高級品かどうかにはこだわらない」というスタンスの方がセルフブランディングとしても好ましいと思っている（ちょっとややこしいが）。なので、フォーマルな場以外ではビジネスにおいても普段から、あえてカジュアルな格好をしている。

ところが、どういうわけか自分では「贅沢」な生活をしていると思っている。

これはいったい、どういうことか？

これから話題になりそうな舞台や映画、コンサートなどには、なるべく仕事の合間を縫ってでも顔を出す。これには自分なりのこだわりがある。初日および、中日と千秋楽の3度にわたって顔を出すこともある。仕事の合間などはチケット代よりも高い交通費を払って、往復タクシーで急行せざるを得ない場合も多い。仕事関係で出演者の楽屋にお邪魔するときもあれば、完全にプライベートの場合もある。海外の公演を週末に観に行くこともある。

私はモノを消費することよりは、こうしたコトに触れて消費することが贅沢だと思っている。お気に入りの美術館で自分の好きな作品を目の前にして、長い時間他に客がいなくて「独り占め」できるときには「最高の贅沢」を感じる。

一方で「最悪の事態」も考えておかなければならない。会社が傾くこともあれば、会社を辞めて無職になることだって、可能性はゼロではない。そんな経済面での「最悪」を回避するためのリスクヘッジの方法は、三つある。

一つは、最初から高級品には興味を持たないことだ。

前出のように私は高級外車を持っていないし、自分で車を運転もしない。仮に数千万円あったとしても豪華な高級品で身の回りを埋め尽くそうとは思わない。そういう発想自体がない。とはいえ「贅沢」がキライなわけではない。むしろ家族や友人と一緒に、少し長めの海外旅行ができればと思う。高級品を買って「自己主張」することは、私にとっての贅沢ではない。幸い私が贅沢だと感じるコトは、高級外車や高級ブランド品を購入するほどの金銭的な負担はない。

二つめは、生活水準の変動がないこと。

仮に一時的に収入がアップし、贅沢できる環境になっても、あまり生活水準を変えないことだ。貧乏性というわけでもないが、私は今でもたまに一人で海外旅行に出かける。学生時代にした一人旅が楽しかったからだ。学生時代とは違い、時間に余裕がない。代わりにおサイフには多少の余裕がある。学生時代に宿泊したような海外の安宿ではなく普通の社会人が泊まるような良いホテルに泊まって、少しはゆっくりくつろげばいいのだが、ついつい学生時代の習慣で、現地ではバックパッカーが好むような（安い）ホテルに泊まりたくなる。その方が、旅という非日常を楽しめるし、学生時代を懐かしむという「贅沢」ができる。

三つめとして、収入を一つの財布に依存しないことだ。

これは最大のリスクヘッジである。たとえば夫婦共働きであれば片方が体調を崩したり、勤め先を辞めることになっても、もう片方の収入のみで充分生活できる。どちらか一人が働く場合でも、メインで働いている会社以外に「複業」「副業」を持っていると安心感につながる。どんな形であれ、収入を一つに依存せずに複数のポートフォリオを確立するのは、何よりのリスクヘッジになる。

ちなみに今の私の場合は、大学の先生、個人事務所でのコンサルティング業務、コラムの執筆や講演会、「東京ウーマン」というウェブ媒体の編集長など、複数の仕事を抱えている。各カテゴリーの収入が安定していることはもちろん大切だが、そのこと以上に、どれか一つが何らかの理由でつづけられなくなっても、生活の軸足を大きく変えることなく、他のカテゴリーで生活していけるという安心感がある。

「何が何でもこの唯一の収入を守らねば」という気持ちは、よくわかる。

でも、一点に執着しすぎると、ときとして心身が苦しくなり、手段と目的が逆転してしまう。そうすると、いい仕事もできなくなる。組織のなかにあっては、イエスマンにならざるを得なくなってしまう。新しいチャレンジ、思い切った取り組みを行うためにも、リスクヘッジはつねに考えておきたい。

33

独立すべきか、会社で働きつづけるべきか。「／（スラッシュ）キャリア」のススメ

× 定年や早期退職になったら、好きなことを思いっきりやってみたい。

○ 人生の「旬」は短い。今やりたいことは今すぐやってみる。

スラッシュキャリアと呼ばれるプロフィールを持つ人が増えてきた。

スラッシュキャリアとは、自分のキャリアを一つの企業内の役職ではなく、複数の職種や所属などを並列させて表示する人のことだ。

たとえば私の場合、

片岡英彦
企画家／コラムニスト／戦略ＰＲプロデューサー／東北芸術工科大学広報部長・
企画構想学科准教授

などと表記している。


昭和30年代の高度経済成長期からバブル期にかけて、日本の会社は終身雇用・年功序列を敷いており、全社一丸となって一つの目標に向かって進んできた。

しかし、バブルの崩壊後、長引く不況により就職氷河期やリストラ、早期退職などの苦しい時代がつづいた。こうして、企業の雇用形態は大きく崩れた。

でもよくよく考えてみると、こうした日本の高度経済成長期の働き方は世界的に見ても例外的だったのだ。

世界を見ると、スラッシュキャリアの人は多い。たとえばヨーロッパの片田舎の帽子屋さんは、店舗を構えながらマンション経営をしたり、民泊と保険の代理店を両方やっていたりと、スラッシュキャリアは当たり前だ。日本でも昔から自営の人は、農業をやりながら自宅では店を構えるなど、今よりももっと発想が多層的で自由だった。

高度経済成長期にも非常に特殊な例として、銀行の支店長クラスまで昇りつめたキャリアを持ちながら、シンガーソングライターとして芸能界の第一線で活躍した小椋佳さんのような人もいるにはいたが、ほとんどの会社員は終身雇用に疑いを持たずに一つの企業に定年まで勤めあげた。

そういう意味では、芸能界の方が時代の先をいっている。最近では星野源さんや福山雅治さんのようにミュージシャン、役者、作家、ラジオのパーソナリティーなどマルチに才能を発揮する人もいる。

企業でも副業が認められるようになってきているので、必ずしも仕事を「辞める」「辞めない」で考えなくても、自分に合った働き方ができるようになりつつある。そういう私も、広報ＰＲの事業を行う個人事務所を設立したのと同時にＮＧＯの職員として広報職として働いていたし、同時にＷｅｂマガジンの編集長なども務めた。今は山形県にある東北芸術工科大学で毎週教壇に立つ。

今会社に勤めていて、転職をするか、あるいは独立するかという岐路に立たされている人がいるかもしれない。しかし、働き方は今後ますます多様化していく。必ずしも独立や転職にこだわらずに考えてみてもいい時代だ。

昼間は代理店営業で夜はクリエイターだったり、星野源的な働き方を選ぶも、銀行勤めで作曲家を目指すも、あなたしだいだ。ムリにやりたいことを先延ばしにする必要はないし、今いる会社をあえて辞める必要もないかもしれない。

できれば、やりたいことは今すぐやった方がいい。なぜなら、行動を起こさない限り、変化は訪れない。そして、ぐずぐずしていると、あっという間に変化のチャンスは消え失せてしまう。変化はただ待っていても訪れないのだ。自ら行動を起こすことによってのみ、変化は起きる。

34

結婚というビジネスに「副業」はない

× 結婚や家庭を言い訳にして、仕事の不平不満をいう。

○ 家庭もビジネスも理想像を描くだけでなく、上手く運営する。

結婚ばかりは、してみないとどうなるかわからない。

私の場合は、20代後半に妻との出会いがあり、出会って半年で入籍した。以来17年以上が経過している。果たしてこの結婚が私たちにとって最善だったのかといわれたら、正直よくわからない（こんなこと妻が聞いたら怒るかもしれないが……）。なぜなら結婚は、A子さんとB子さん同時並行では行えないからだ。もちろん妻にとっても、A男くんとB男くんと同時並行はできないので、お互い様だ。

これがたとえばビジネスの話であれば、Aという事業とBという事業を試しに同時に進めてみることができる。Aは今人気の事業スタイルだが、ライバルも多く不利。Bは新しい事業でまだまだ試行錯誤中だが競合は少なく順調に業績を伸ばしている。だから今しばらくはAもBも実験的に事業をつづけるが、このままだったら2年後をめどにB一本に絞る——というような複雑な経営判断もできる。

しかし結婚の場合は、こうはいかない。

A子さんと結婚しながらB子さんとも結婚することはできない。

たとえば収入面に関しては、二人が共働きの場合もある。どちらか一方の収入だけで生活する場合もある。双方の考え方をすり合わせて、自分たちのスタイルを決めていけばいい。要は、**どういう役割分担であろうとも、双方が協力して「家庭」を平等の負担で運営していくということが大切だ。「家庭」という「ビジネス」の運営上、「外で働く」という部門と「家事育児をする」という部門があると思えばいい。**そこから、役割分担をきっちり行うか、お互いがお互いの仕事を交互に行うかは、ケースバイケースで考えていけばいい。

もしかすると「(収入源である) オレ様が家族を食わせてやっている」と思っている会社員が未だにいるのかもしれない。

だが家庭は「共同ビジネス」ということを考えると、その人のセンスは前近代的で甚だ疑わしい。そんな風に考えてしまう人に限って、会社でいい仕事はしていないのではないかと思ってしまう。

我が家の場合は、私が働いて収入を得る役割。生活全般や子どもの教育は基本妻の役割。私は子どもの行事に参加したり旅行に連れていったり、たまにカミナリを落とすのも役割になっている。妻は私の事業の経理などの仕事をよく手伝ってくれる。

たまたま我が家ではこういう分担になっているが、もしも共働きだったらどうなのか、妻が働いて、私が家事や育児をやっていたらどうなのか、子どもを持たなかった場合はどうだったかなど、そんなことを頭のなかだけで考えてみてもどうにもならない。

また、他人の夫婦生活と比べてみたところで意味がない。妄想なら楽しいかもしれないが、私の妻がヒラリーだったら、マドンナだったら……などと考えても意味がないのと同じだ。

他と比べられないからこそ、共に協力し合って生活していくしかない。

結婚というのは、極めて現実的なマネジメントだと思う。

35

大人こそ、オンもオフも時間割で行動しよう

× 仕事優先で家庭の用事がままならない。家族からもヒンシュク。

○ 家庭の用事を最優先（ブロック）する。残りの時間を仕事に割り当てる。

かつて「24時間働けますか」というキャッチコピーで話題になった栄養ドリンクのCMがあったが、それはバブルのころの話。今の時代にそんなCMをつくったら即刻炎上かブラック企業呼ばわりされる。

では24時間はともかく、就業時間中はつねに闘う気持ちが「オン」なのか。

実際はそうではなく、誰でも意識的に「オン」と「オフ」を上手く切り分けているはずだ。

学生時代を思い出すと、1限目、2限目と時間で区切られていた。50分あるいは90分授業で10分の休憩（オフ）だった。この休憩をはさむことで、心身ともにメリハリをつけていた。やはり社会人であっても、時間に対してメリハリをつけることは大切だ。傍目からはサボっているように見えても、次のステップへの準備であったり、頭を切り替えるための休息として重要だ。

いうまでもなく、時間の効率化ができるかできないかが、仕事ができるかできないかにつながってくる。ダラダラ時間を使ってしまうと、癖になる。心身ともにどんよりして、気分も「重く」なる。気力が減退し新しい仕事に取り組むことが面倒になり、人に会うことも億劫になってしまう。

私は長いことGoogleカレンダーを使って、オンライン上でスケジュールを管理している。ポイントは移動時間や休息時間、食事の時間に加え、家族と過ごす時間や、映画を観る時間までも、なるべくしっかり予定としてマメに時間を確保しておくことだ。

まず何よりも優先しなければいけないのは、自分の子どもの入学式や卒業式。もちろん事情によって全部の行事に参加できるとは限らないが、**「大丈夫そう」と判断したものは早めにスケジュールを押さえてブロックしてしまう。以降は、この時間には他の予定は入れないようにする。**

次に家族旅行などの家庭の行事。あるいは、子どもとのサッカー観戦などの約束事。とにかく一度約束したら、その時間帯は最重要のカテゴリーとして赤色でマークして登録する。

それ以外の時間を仕事時間として割り当てる。

大学での講義や学校行事は、幸い年間を通じてかなり早い時期にスケジュールが決まる。往復の新幹線の出発時刻と到着時刻を分単位で入力して、スケジュールをブロックしていく。残っている時間が、東京で打ち合わせや講演、取材活動などに使える時間になる。一つの面会や会合を1時間から1時間半のコマとして、予定名を入れずに仮登録すれば、およそ1日にいくつの予定を入れられるかは想像がつく。あとはこの予定のコマが決まりしだいタイトルを入れていく。

これは経営者の方やフリーランスの方には直感的に理解していただけると思うが、**自分一人で完結する仕事、たとえばコラム執筆や資料作成、経理関係の雑務や調べものなどは、極力、平日以外の土日に割り振る。人と会う仕事や自分一人ではできない仕事を平日昼間に優先して入れたいからだ。**

このとき極力、夜の会食やランチ込みの打ち合わせは、早く予定に組み込んでしまう。食事の予定が入ると1時間では収まらないので、会食の予定のある1日は残りの時間帯に入れられる予定は限られてくるからだ。

企業などを訪問する際には都内であれば移動を含めて1時間あれば、たいていは何とかなる。移動時間も含めてしっかり押さえておくことが重要で、ランチの際は移動時間込みで1・5時間を押さえてブロックしておくと、たいていは上手くハマる。移動に手間がかかった場合には、ランチを我慢すれば移動時間の遅れは吸収できる。

こうして平日の朝から夜にかけての時間帯が徐々に埋まっていき、半年~1年先まで、おおむねの予定は埋まる。

外部との1回の打ち合わせは、1時間と決めている。どんなに長くても1時間半。

これ以上長く打ち合わせをしたところで、経験的に良い結果は出ない。

特別なテーマや理由がない限りは、2時間以上も一つの打ち合わせに時間がかかるようならば、打ち合わせの仕方に問題があることが多い。事前の準備が足りないか、メンバーが多すぎるか、そもそも何のための会議なのかが決まっていないのだ。こんな会議であれば、他のことに時間を回した方がいい。参加する相手に対しても、申し訳ない。相手から多くの時間を奪ってはならないのだ。

36

こだわらないことにこだわると、上手くいかないことも上手くいく

×

交際費やタクシー代が落とせないと、ケチケチ嘆く。

○

いちばん貴重なのは時間。時間をロスすることだけはケチる。

私は、服装や持ち物にこだわる。

といっても、ブランド物に対するこだわりや執着ではない。

あまりいろいろと「考えない」ということを最優先している。

私は夏以外は、たいてい黒のハイネックのシャツを着ている。決まった服、決まった値段、決まったサイズ、決まったブランド。基本黒であれば、さしたる自己主張もなく、たとえビジネスであってもクリエーター風に思われるので、どこにいっても失礼にならずに済む。取材や対談させていただく相手とのコーディネイトも考えなくていい。実際にはものすごくコスパの良い仕事着用の品と、ものすごく仕立ての良い高級な黒のハイネックを使い分けているのだが、誰からも違いを気づかれたことはない。だからあまりこだわらないことにした。

カバンも「考えない」ことにこだわる。容量が大きく、どこでも型崩れせず、そのままカバンの口がパカっと開いて中身が見えて、ノートパソコンが取り出しやすいもの。トートバックも便利だが、できればキャリーケースにそのまま乗せて固定できるもの。そして床に置いても「自立」するもの。取っ手が長くて肩からショルダーにできるもの。実にわがままな条件だが、現にこういう条件にすべて当てはまるカバンがある。そのカバンをいくつか持っている。古くなったら、また同じものを迷わずに買う。

持ち物はiPad pro、ＰＣ、iPhone、ポメラ、そしてPebble Timeというスマートウォッチ。このどれかを使えば、どこにいても、移動中でも何らかの形でとりあえず急ぎの連絡を受け、簡単なメッセージを取り急ぎで返信もできる。座れば膝の上でコラムのつづきを書いたり、電話をしながらメールやニュースのチェックも片手でできる。ややこしい内容のメールをもらった場合も、とりあえずSNSのメッセージで「いいね！」ボタンを押すことで、簡易的に意思を伝えられる。込み入ったことは、後からゆっくり対応すればいい。返答はともかく、そのことは「知ったよ！」というメッセージがいちばん大事な意味を持つこともある。

極力、移動には時間をかけないようにしている。

お金で解決できるのであれば、お金で解決する。都内であれば最短で移動できる地下鉄を使うが、出口を調べたり出口から現地まで距離があったりと、必要以上に時間を取られる場合は、最初からタクシーやUberを使う。早朝のうちにその日の移動先がわかれば、ドアツードアで到着できるように事前予約しておく。あとは時間通りに迎車された車に乗れば、目的地に連れて行ってくれる。

その間にプレゼン内容を最終チェックしたり、アシスタントに別件の電話をかけたりと、本業に打ち込む。あるいは、ただひたすらボーッとしたいときには移動中にボーッとする。だから自分で車は運転しない。これは昔から決めている。少しばかりの移動費用をケチらずに移動時間を短縮すること、移動時間を活用することで、解決できる問題は多い。今は大学の授業で週2日半は山形県に、残りは東京というパターンが定着しているが、新幹線のなかは逆に集中して作業できる貴重な時間になる。食事をして、コラムを書いたり、見逃した古い映画を観る。あっという間に移動時間は終わる。私にとっては大事な空間だ。

また、テレビ局時代から今までずっと、なるべく普通の生活リズムを心がけている。普通というのは、人が起きる時間には起きて、寝る時間に寝ること。朝起きて自宅で家族と朝食を食べる。日中は働き、夜は早めに帰宅する。子どもとなるべく一緒に風呂に入る（最近は長男は一緒に入ってくれないが）。大きな1日の流れとしては、ごくごく普通の生活パターンを維持する。

一方で、徹底的にムダな意思決定やコミュニケーションコストの発生を避ける。「時間がなくて大事なことができない」ではなく「大事なことをするための時間をどうやってつくるか」が基本になる。

会社で働いていると、飲み会や長い会議といった付き合いがどうしても多くなるかもしれない。しかし、やはりメリハリをつけないと、自分の時間はどんどん削られてしまう。**自分の「時間割」が崩れ、自分の時間が少なくなれば、やりたいことが先延ばしになる。すると、ストレスが溜まる。自分の時間は自分でつくり管理するという、強い意志を持ちたい。**

大丈夫、できることとできないことを、相手に誠意をもってはっきり伝えるだけでいい。「夜は別件が入っておりまして」「今日の会議は、冒頭だけで失礼します」など、ムリをせずに、正直にいえばいい。その都度その都度、できないことをできるといったりせずに、「○日はムリですが○日と○日は空いています」「14時15分前に東京駅に着くので、14時から開始だと5分10分遅れてしまいます」などと、正直に説明して、誤解を招かないようにすることも大切だ。

37

立つ鳥跡を濁さず。辞めた会社とどう付き合うか

× さすがに、辞めた会社には顔を出せない。

○ 辞めても遠慮せずに会社に顔を出す。そのための環境をつくる。

転職後に過去に自分が勤めていた職場や、過去の同僚のことを悪くいったりする転職者に接したことがある。以前勤めていた職場での職業上知り得た秘密を平気で、書籍やブログニュースなどのネタとして提供する。これは、あってはならないことだ。

単に「暴露」がいけないという以前に、職業倫理上の問題がある。さらに、古巣に迷惑がかかるばかりでなく、将来出会う人からも信頼されなくなる。

ところで、学生は「卒業」という形で学校を去る。社会人になって会社を去るときは「退職」という形になる。前者は「終えること」、後者は「去ること、辞めること」であり、同じ終了でも意味が異なる。定年以外で会社を辞めるのは、自分の意志で決断したときだ。例外的に会社側の理由の場合もあるが、自分の都合で辞める人は会社に対して「立つ鳥跡を濁さず」が礼儀となる。

辞める理由は人それぞれだ。心のなかには「こんな上司の下で働きたくない」「自分の能力が正当に評価されない」「将来が見込めないから」など、様々な理由があるかもしれない。だが、もしそれらの理由で退職するとしても、ネガティブな理由は誰にもいわない方がいい。転職前も転職後も、たとえ何年後であってもそんなことを口に出すメリットは何一つない。そうした事情はあえて口に出さなくても、わかってくれる人はわかってくれている。わかってくれている人を「本当の友人」と呼べば良い。

会社を辞めて新しいスタートを切る人に対しては、応援してくれる人も多い。辞めてからも元同僚という立場で新たなビジネス上の付き合いがはじまることも多い。私も、過去に何度か転職を決意した際に、どうしても苦手だった人間関係もあった。ただ辞める際は円満退社であった。辞めた後も決してそのことを具体的に周囲に吹聴したりしない。退職を決意してからは、ネガティブなことは他人に話さない。

昨今は「出戻りＯＫ」という会社もある。人によっては、何年か後に以前の会社に戻ることがあるかもしれない。実際にそのような「出戻り」をする友人も最近は多い。辞めた会社であっても、退職後に「give and take」の関係で良いシナジーが出せれば、それに越したことはない。人間としての幅もビジネスの幅も広がっていく。

たとえ転職して企業から人が去っても、人と会社とのエモーショナルなつながりもある。たとえば、私は１９９４年に京都大学を卒業したが、20年以上が経った今でも京都をたまに訪れると、大学やその周辺を訪れる。当時の「人」はほとんど入れ替わっていてもういないが、卒業した大学という「場」とはエモーショナルなつながりは今もあると思っている。

私の場合は、転社をすればするほど、好きな会社や同僚の数が増えていく。以前の会社でのビジネス経験だけではなく、人と会社の縁も増えていく。そのご縁で、人と人、人と会社、会社と会社を結びつけるお手伝いをできるようにもなった。つまり、辞めた「財産」を自分のためだけに使うのではなく、「財産」を人にも喜んでもらえるように「活用」していくのだ。

会社を辞めることが卒業と異なるのは、辞めたことが終わりではないからだ。

そう考えれば「立つ鳥跡を濁さず」という鉄則は、腑に落ちる。

38――説教すると損をする。若い人から学びつづける

× 「今の若い社員は理解不能」と、世代間ギャップを嘆く。

○ 「若い人から何を学ぶか」と貪欲になる。

日頃、どんな世代の人と付き合っているだろうか。

入社したばかりのころは、周囲はみな自分より年上だった。歳を重ねて下の世代も入ってくるようになると、仕事を教えたり面倒をみることになる。社会人になると、学生

時代と違って、付き合う人の年齢には幅が出てきているはずだ。

若いうちは、上の人から様々なことを学び吸収することも多いが、歳を取るにつれ新しいものに対するアンテナは鈍くなっていく。私自身、いくらアンテナを張っていても、生まれたときからスマホやiPadで遊んでいた世代とはそもそも感性が違う。だから自分が若い人に何かを教えるときには、相手に教えるばかりではなく、若い彼らから何かを吸収する機会――くらいに思っている。それくらいのしたたかさは歳をとるにつれて持っていた方がいい。


私が大学で教鞭を執ることになったと友人に話をしたときに、「そんなことをしているとビジネスの第一線から遠ざかってしまうぞ」といって心配してくれた人がいた。

もちろん、良かれと思って心配してくれたのだと思うが、私はこの意見は間違っていると思う。もし人に教えるということが、第一線から遠ざかってしまうことだとしたら、それは「教えること」が原因ではなく、教える側の考え方の問題だと思う。

もしも、社内で若い社員を相手に、自分の過去の経験を「教えてやる」といったような上から目線で、**説教ばかりしているのだとしたら、教える者は貴重な機会を自ら手放している。「そもそもお前は」「同期の（ちゃんとした）アイツを見てみろ」**などといく**ら説教しても、誰の得にもならない。時間がもったいない。**

教えるということは、自分自身が学ぶということでもある。

今の若い人たちと接することで、私は私の知らない世界や情報に触れることができる。彼らが興味のあることや、物事の考え方、何か商品を買うときに何を見て、何を考えているのかといった思考回路、男の子と女の子の付き合い方、親との距離感などは、私にとっては外国人と接する以上に「異文化」である。これは一種の「異文化コミュニケーション」だ。

今の時代、単なる知識ならインターネットで検索すれば、有象無象の情報が出てくる。たとえば、授業でマーケティングのSWOT分析を教えても、その情報自体には大きな価値はない。オンラインで検索すれば、いくらでも私の解説よりも詳しい解説が図入りでタダで出てくる。

むしろ大事なのは、「どうしてそれが大事なのか？」「どうやって使うのか？」「何ができて、何はできないのか？」といった考え方と、つねに自ら考えつづけ、実践することだ。答えのある問題の解き方や知識を学生に教えることではない。

まず想像し、次にやってみて、結果がどうだったか。それを元に改善して次の提案をする、他人に説明する、伝わったかどうかを試す。大切なことは「答えがないこと」を学生と一緒にやって試してみることだと思う。

そういえば、私の父親は、私がまだ小さいころ、「母方の義父と会うたびに義父は同じ話を繰り返す」といってぼやいていた。ところが、そんな私の父親自身も歳を取り同じくらいの年齢になると、義父とまったく同じように自分の昔の身の上話を繰り返すようになった。

なぜ同じ話を繰り返すのかといえば、今まで経験したこと以上には新しい出来事が毎日起こってはいないからだ。父親は6年前に他界したが、亡くなる少し前は、私がもう30歳もとうに過ぎているのに、私の幼馴染や中学の同級生の話をよくしていた。「あいつは今、「元気か?」と病床で私に訊かれても、その友人とは中学校卒業以来会っていないのだから知る由もない。

あと30年もすれば、私も自分の父親と同じように、成長した息子たちに自分の昔話を何度も繰り返すようになるのだろう。だからこそ、それまでの間は、まだ貪欲に新しいことに触れていきたいと思う。同じ話を繰り返すのは、20年、30年は先のことであって欲しい。

39

仕事に穴をあけない健康管理術とは

×

「あともう少し」と残業する。徹夜する。

○

「やらない勇気」が心身を健やかにする。

会社員なら休んでも有給休暇になるし、あなたの代わりに誰かがその仕事をしたり、チームで穴埋めをしてくれる。極端な話、誰かが急に会社を辞めても、何とか回る。それが会社組織というものだ。

ところが独立すると、そうはいかない。

たとえば個人営業の店舗の場合、定休日を一度決めたら、そう簡単に他の日に休むことはできない。仮にパン屋さんなら朝の食卓に間に合うように前日夜に仕込みをして、まだ日も明けぬうちから焼きはじめる。寝坊した、風邪を引いたでは、その店のパンを心待ちにしてくれている人に申し訳ない。それを機に別の店で買うようになってしまうかもしれない。だからパン屋さんは人の生活を支えているという責任感を持って、仕事に穴をあけないための努力をしている。「ワークライフバランス」など、個人営業の場合にはついつい後回しになる。

私も仕事に穴はあけられない。「株式会社東京片岡英彦事務所」という自分の名前を看板にしている以上は、自分の代わりになる代理はいない。正確には、そのときに限れば代わりの役を担ってくれるスタッフはいるが、私の代わりに意思決定をしてくれない。

そのためのいちばんの健康法は「ムリをしないこと」だ。

いくつものプロジェクトを抱えて一年中東奔西走しているが、だからこそ極力、体と心にストレスを溜めないように心がけている。

ストレスを溜めないというのは、何事にも必要以上に「変なこだわり」は持たずに対応するということ。

たとえば翌日の昼から山形の大学で講義がある場合は、東京から朝の新幹線で行くことが多い。翌日に雪の予報が出ていると、翌朝の東京発だと間に合わないのではと、最悪の場合を考える。不安で一夜を過ごして朝1本早い6時台の新幹線に乗るよりも、こうした場合は前日の用事が終わったら、早々山形に移動して前泊する。早めに動くことで、翌日に感じるであろう不要なストレスからは解放される。

時間や宿泊費をケチってストレスを溜めるよりは、先に不安を解決してしまう方が遥かに健康的だ。

東京で仕事をする際も同様で、ストレスを溜めるようなムリは重ねない。打ち合わせはなるべく昼から夕方6時までの6時間の間に集約する。18時以降は相手の時間を拘束しない。それが自分のためであり、相手のためにもなる。今日は疲れているなと思ったら、早めに自宅に帰って休む。

会社勤めをしていたころからムリはしなかった。「あともう少し頑張ればどうにかなる」と思っても、ムリをせずその日はとりあえず切り上げる。**良くも悪くも「片岡は諦めが早い」と先輩からいわれたこともある。投げ出すわけではないが、心も体も早めにリセットする。**たとえ努力が無になる失敗（サンクコスト、埋没費用）をしても、急ぐだけでリカバリーするといったムリな努力はしなかった。その方が次に控えている作業の効率も断然いい。失敗したことはムキにならず、翌日に最初からやり直した方がいい。

広報の仕事もそうだ。現状でまったく売れない商品、まったく視聴率が取れない番組に、ムリに広告費やリソースをさらに投入して力づくでチャレンジしても売れない。数字がとれない。そうならないように最初から準備をしておかねばならない。逆に少しでも売れる要素のある商品ならば、ちょっとでもセンスの良い宣伝をすれば、もっと売り上げが伸びる。レバレッジが効く。その見極めをするのも、広報の大切な仕事だ。**酷な**

いい方ではあるが、とくに「見切り」は重要となる。

一方で、ダメなものをこれ以上ダメにしないという広報もある。

たとえば、すでに衰退期にさしかかったジャンルの産業や、不祥事を起こした直後の企業のイメージ回復に関連する広報だ。私はこうした分野の広報も得意だ。「衰退」がもう避けられない産業構造のなかで、どうやって現状のビジネスを維持しつづけ、利益を最後までしぶとく出しつづけるか、あまり良くはない環境のなかで、どうやって最悪ではない選択をするか、という発想は、ある意味とてもクリエイティブな仕事だと思う。

マイナス50になってしまった企業イメージを、プラスマイナス0まで少しでも早く持ち直すやり方を考えたりもする。これはアップル時代のサポート部門の経験から学んだことだ。顧客には申し訳ないが、製品には必ず一定数の不良品が生じる。この不良品を手にしてしまった顧客の心理をどこまでリカバーできるのか。どうすればこれ以上、悪いイメージを持たずに使いつづけてもらえるか。

「何が何でも売り上げを伸ばさねば」「絶対ブランド力をアップさせねば」という意気

込みは大事。でも冷静に状況を把握すると、できることとできないことがある。どこまでも根性論で突っ走ると、必ずや心身にダメージが残る。何よりそういう状態のプロジェクトは経験的にあまり上手くいかない。一度は成功したとしても、そこに再現性はない。

要は、心も体もひずみが出るまでムリをしないことだ。イライラしたり、寝不足気味だったらスパッと家に帰ろう。いわば、見切りをつける勇気だ。そんなときは、早めに夕食を済ませて、さっさと寝てしまいたい。物事の見極めをしつつ、いちばん大切な本来の目標とプライオリティを見失わないようにしたい。

40

相手を不快にさせるSNS、仕事につながるSNS

× 自分をブランド化するために「見て見て」と発信し、悦に入る。

○ パーソナルなメディアこそ、「どう思われるか」を意識する。

SNSを活用している人は多い。

Facebookに登録はしたけれど、たまに友人のリア充ぶりを見て「いいね！」をするにとどまっている人、積極的にコラムを書いて発信している人、会社の上司から友達申請が来て以来徐々に書くのが億劫になってきている人、プライバシーを晒すのは絶対嫌だと思っている人……様々であろう。

最近では、就活で企業の人事担当者がSNSを見て採用の判断材料にしているとも聞く。下手なことは書けないよと、尻込みしている人もいるのではないだろうか。

SNSは「表札」のようなものだ。

自分のプライバシーを出す出さないも、どこまで出すかも本人の自由。女性のひとり暮らしの人は、わざわざフルネームの表札を玄関に出さないだろう。子どもがいる人は子どもの顔の写真は載せないなど、リスク管理も含め、コミュニケーションのバランスを取っているだろう。警察や公務員、自衛隊、弁護士など、その業務の特殊性ゆえにSNSでプライバシーはあえて公開しない人もいる。

あなたがそういう特殊な職業に就いておらず、自己表現が上手くないという人は逆に、自分のペースでできるSNSは自己表現の場として最適だと思う。仕事でもプライベートでも活用していくのがいい。突然会合で挨拶を振られたり、自己紹介を求められたりするよりも遥かに楽なはずだ。

書く内容は人によって様々。日常生活をそのまま書く人もいれば、時事的なことや政権批判を展開する人もいる。子どものいる家庭でも、成長記録として家族・友人限定で写真を公開したり、ファッションやグルメについて語る人もいる。こういったら何だが、書いてある内容自体は、私はどうでもいいと思っている。家の表札が「木製」「金属」「大理石」でも何でもいいのと同じだ。あくまで好みの問題で、さほど「表札」に深い意味はないと思っている。

私はブログを含めてSNSを使っているが、仕事にまつわるコラムや時事ネタ、ときには家族や身の回りのことも含めてアップしている。

何を書くにしても意識しなければいけないのは、自分が「こう思う」よりも相手に「こう思われる」ということだ。たとえば普段スーツに身を固めている政治家が、地元の祭りはハッピを着て神輿を担いでいる写真をアップすれば、庶民派イメージをつくり出すことに一役買う。逆に若手社員がロレックスやポルシェを買ったと書けば、それを見たクライアントは「あれ？　随分儲かってるんだな」と思う。

だから書く以上は、つねに「自分が何をしたか」「自分がどう思っているか」よりも、「見た相手にどう思われるか」を考える。自分自身を俯瞰する目が大切だ。

私の場合は、SNSをしているおかげで、少しご無沙汰の方から仕事の話をいただいたり、新規で面白い人を紹介していただけることもある。とてつもなくビッグで尊敬している方からダイレクトでメッセージをいただいたことがきっかけで、その後の人生が変わったこともある。「現在進行形で幅広く仕事をしている」ということを知ってもらうツールにもなっているのだ。

一方、こんな使い方もアリだ。

たとえば自分がやったことがないこと、やってみたいことを遠回しに伝える。

つまり「フラグを立てる」のである。

たとえば、私はテレビ局に在籍して報道と広報の仕事をしていたが、番組制作には直接携わったことがない。報道には携わったが、報道は見せ方・伝え方にはこだわるものの、事実をつくるものではない。事実を正確に伝えるものだ。もしかすると、経験を積んだ今なら面白い番組がつくれるかもしれない——。もしも、そんな欲求が出てきた際は、サクッとSNSに書いてみるだろう。「そういえばそうだよね」「片岡にやらせてみたら面白いかも」など、反応があればしめたものである。何も反応がないと多少ヘコむが、スルーされるだけで、何も失うものはない。

お会いしたいけれど「ツテ」のない人のことを「フラグ」を立てる目的でSNSに書くこともある。もちろん「リスペクト」の意を込めてである。気の良い友人が紹介してくれることもある。本当にありがたい。

いざフラグを立てたときに、しっかり反応をしてもらうためにも、日頃の表現方法には腐心したい。

いちばん避けたいのは、「これって自慢?」「自分のことばっかりで、ウザい」と思われてしまうこと。有名人でもない限り、パーソナルなこと一辺倒では相手の興味をひかない。そんなことに一喜一憂してくれるほど、周りはヒマではない。

とはいえ、そう思われつつも「愛される」人はいる。ここが難しいのだが、結局ここが一番目指すべきポジションかもしれない。「他人にどう思われるか」を気にしすぎて、耳障りの良いことばかりをSNSに書くようでは、所詮はその程度の人である。

この際、SNSをやるのであれば、単なる気晴らし、ヒマつぶし、自己満足、義務感であってもなんでも良い。

とにかく、まずは思い切って自分自身を発信してみる。そうでなくてはもったいない。照れずに、媚びずに、暑苦しくならない範囲で、そしてときにはしたたかにビジネスにも活用していこう。

41

AにBを掛けてCとする。
掛け算はスキルアップのバロメーター

× 専門分野を決めたら、井戸のように「ひたすら掘りつづける」しかない。

○ あと二つ三つ、井戸を掘ってみる。井戸をつなげてみる。

ずいぶん昔のことで誰の言葉だったか忘れたが、かつて歌手の松任谷由実さんと中島みゆきさんの歌詞を比較してユーミンの歌は「ブレンド型」、中島みゆきの歌は「ろ過型」と称していたのを覚えている。

なるほど、ユーミンの歌はいつの時代にも恋をする女性の気持ちが歌われているが、特定の「誰」というわけでもなく、いつの時代、いつの世代の女性にも共通するようなブレンドされたユーミン以外のどこかの女性の「顔」である。

一方、中島みゆきの歌は、「私」が恋をし悩み立ち上がり、やがて歳をとって次の「あなた」にエールを送るという属人性が作品ににじみ出ている。歌の主人公はその時その時代を生きている。ろ過されて純度が高まる。不純物ゼロの中島みゆきその人を印象付けている。

さて、仕事の話をしよう。

仕事上のスキルアップには大きく分けて「ブレンド型」と「ろ過型」がある。「ブレンド型」は、たとえばコーヒー豆やお酒のようにいろいろな産地や種類を混ぜ合わせて本人が予期もしない相乗効果を生み出したり、安定した品質を保つために行われる。社内異動でも、営業部と制作部の両方を経験したり、人事と総務を経験したりすると、社内を俯瞰することができ、仕事の幅が広がると感じるだろう。

「ろ過型」は、Ａをろ過してＡ′にし、さらにそれをろ過してＡ″にするというふうに、より純度を高めていくもの。純米酒のつくり方に通じるものがある。たとえば同じ営業部内でも小売店担当になったり外商担当になったりしながら、営業担当としての純度を高めていく、といったようなものだ。

どちらがいい悪いではないが、どこにでも通じる本当のスキルアップを目指すなら「ブレンド型」と「ろ過型」の両方を大切にしたい。

私の場合は、日本テレビ（マスコミ）、アップル（ＩＴ）、ＭＴＶ（音楽）、マクドナルド（飲食）、ミクシィ（ＳＮＳ）、世界の医療団（国際ＮＧＯ）、大学（教育）と、転職するたびに業種や業態が変わった。業種・業態という意味では「ブレンド型」である。

一方、ＰＲ、パブリシティというコミュニケーション分野での専門性は、どの業界に属していても広報担当として経験を深堀りしてきた。つまり広報という職種に関していうと、不純物が取り除かれた「ろ過型」である。

これまで様々な業種・業態を経験してきたが、**同じ職種を継続してきたことにより、「ブレンド型」と「ろ過型」、両方の良いところを得ることができた。さらに、「ブレン**

ド型」と「ろ過型」を掛け合わせることで、より私らしい施策が出せる。たとえば、大学の講義で、両方の要素をかいつまんで教えているのも、同じようなキャリアを積んできた人が他にいないからだ。コンサルティングやプロデュース領域においても、マスメディアとSNS、広告とPRといった両方の要素を会得し、それらの要素を自由に掛け合わせられることは、私の武器になっている。

「広く浅く」だけでは物足りない。

何事も広く器用にカバーしている人は、どこにでもいるからだ。

「他のことは一切わかりません」という専門バカでも、ここ一番で勝負に弱い。

スポーツや学業と同じく、どこまでいっても上には上がいるからだ。

だからこそ、**日々自分の専門性を高めつつも、カバー領域を少しずつ左右にずらして広げていくことが重要なのだ。**

若いうちは、経験がまだバラバラで、武器を持つというよりは、まだ丸腰に近いのかもしれない。でも焦らなくてもいい。いずれ点と点は線でつながっていく。

振り返ると、私は結果的に計6回の転職をしてきたことになる。というか、さらに自分の株式会社の代表取締役も兼ねている。

これまで、その体験で学んできたことをあれこれと述べてきた。

しかし、最初から転職や独立ありきで働いてきた、ということではない。また、それほど将来のキャリアを戦略的に考えてきたわけでもない。

自分がどのように「進化」していくかを考えたときに、一つの会社のなかで考えるか、一つの会社を超えた視点で考えるかの違いだけである。どちらの選択肢もつねに自分のなかでは持ちつづけている。

一つの企業にとどまっていても、進化する人と、しない人がいる。

転職をしても進化する人と、しない人がいる。

私は、メディア企業からはじまって外資系企業、国際NGOを経て、現在は大学で教鞭を執ると同時に、東京で企業や自治体のPRやマーケティング活動の支援を行なっている。

転職が目的なのではなく、転職という経験を通じて、これまで仕事の幅を広げてきたということだ。ましてや、転職の「数」にこだわる気はサラサラない。

転職はあくまでも経験を積む上での手段。

自分を進化させていくための手段にすぎない。

「〇〇会社に勤めています」というポジションが大切なのではない。これは「表札」にすぎない。

大切なことは、自らが進化しづけけること。

自分をつねに揺さぶりつづけること。

自分の好奇心を自分で殺してしまわないこと。

その重要性だけは、最後に強調して締めくくりたい。

自分を進化させる——。

その強い思いさえあれば、きっと遠くまで行ける。

私もまだまだこれから先に何者になるのかは自分でもわからない。

あとがき

方丈社の清水さんから、今回の出版のお話をいただいた。

私は最初あまり乗り気ではなかった。

というのは、私が専門とする「戦略ＰＲ」や「マーケティングコミュニケーション」領域の出版の話ではなかったからだ。その上「仕事術」と称しながらも、どちらかというと若い人たちに「転職」を勧める、いわゆる「転職術」や「処世術」の話になるのではないかと危惧したからだ。


最近は私のように、新入社員として入社した企業に留まらず、入社後何年かして転職をし、その後も何回か転職を重ねる人も多い。日本独自の年功序列型終身雇用の環境は大きく変わった。この大きな時代の流れは、スピードが弱まったりさらに速まったりという押し引きは今後もあるかもしれないが、時計の針が逆回転することはまずないだろう。

実際、すでに私の周りには外資系企業やベンチャー企業を中心に、私以上に多くの企業でマネジメント経験を積んでいる方が多くいらっしゃる。こうした転職を多く経験した者の立場から「転職術」「処世術」を語ることは、入社後も勤め先にあまりしっくりこないで、未だ「自分探し」をつづける若い世代の人たちにとっては、たしかに「ウケる」かもしれない。

だが、私自身が本当のところ「転職を多く重ねること」をよいことだと思っているかというと、まったくそうではない。

後輩などに「転職したいのですが……」と相談を受けると、本書でも書いた通り、たいていは「やめとけ」という。

「転職」が何かを実現するための「手段」ではなく「目的」になってしまっているようだと、後々よからぬことが起こる可能性が高いからだ。転職して上手くいっている人の多くは、誰にも相談することなく、自分の目指す「やりたいこと」の「手段」として転職を迷わず選択する。そして誰にも不平不満をいわずに、立つ鳥跡を濁さずで次の新たなステップに挑戦していく。

こうした人たちにとって、転職は「手段」にすぎない。そして、その「手段」は選択肢が多い方がよいに決まっているのだ。

つまり――転職するもよし、同じ企業で働くもよし。

右肩上がりの高度経済成長期などは、生き方の選択肢はあまり多くなくとも、成功のモデルケースが見えやすかった。大きな不安もなくガムシャラに頑張ることができたかもしれない。だが、これからの日本のような先が見えにくい不確実な社会では、未来の選択肢が一つしかないよりは、つねにいくつかの選択肢があった方が生きやすいのではないかと思う。ある意味その方が「ガムシャラ」になれる。

「選択肢を持つ」ということの大切さは、転職や異動だけに留まらない。結婚や出産、都心に住むか地方に住むか、持ち家を持つか借家に住むか。どれもネット上などでは議論が割れ「荒れる」テーマだが、私は「転職」と同じだと考えている。「豊かな生活を目指す」「幸せに生きる」といった「目的」ための「手段」だと思っている。「手段」であれば「選択肢」は多い方がよい。旧い世代の方たちには、こうした「選択肢」の余地が現在と比べると少なかったのだと思う。

悪気なく自分たちの「生き方」を、下の世代にも押しつけたくなる。これはいつの時代もそうだ。私も今はそうでなくても、いつかそうなるかもしれないし、今の若い世代の方も、いずれはそうなるのかもしれない。

私は、3年前から大学で教鞭を執る機会をいただき、若い学生らと接する機会が増えるにつれ、ついつい自分の世代の常識と比べると「なぜ?・」と思うことも増えてきた。私が必ずしも、「いま流」ではないのではないかと思うことも度々ある。

こうした書籍の出版を通じて、私よりも一回り、二回り以上若い方々が、私のようなものの考え方を果たしていったいどういう風に受けとめるのかと思うと、正直、怖い気もする。仕事や勉強のことについてはともかく、趣味やライフスタイルなどについては「時代遅れ」だと揶揄されるリスク（恐れ）もある。

とはいえ、日頃から進路指導や就職相談をすることも多く、せっかくの機会であるので、自分自身が大学卒業後どういう思いで企業に就職し、どういう思いで転職をし、どういう理由で現在にいたっているのか、「旧い世代」なりに経験をまとめて記しておこうと思ったしだいだ。

本書の内容は、あくまで「今振り返って考えれば」という当時の回想にすぎない。「私の生きたその時代」に「私自身のため」に「私自身が判断した」その結果が、今になって一つにつながって見えているにすぎない。当時の考えは、今の考えとは大きく異なるのかもしれない。


大切なのは、自分自身がつねに「進化」していくこと。

自分の頭でどう生きるのかを「判断」すること。

その際の「選択肢」は、少ないよりは多い方がよいこと。

そして、転職するも留まるも、それはあくまで幸せに、豊かに生きるための「手段」であって、それ自体が「目的」ではないこと。

本著を出版させていただいた理由と目的は、以上のことを伝えたかったからだ。

最後に、本来ならば直接ご挨拶をせねばならないはずの、これまでお世話になってきた方々、勤務先の諸先輩方、執筆にあたり私の記憶が定かではなかったために事実の確認等にご協力いただいた皆様に深く感謝の意を表したい。

また、よくあるメディア業界の暴露話や転職マニュアル本だったら出したくないという私の強い要望を、快く受け入れてくれた編集部の皆様に感謝申し上げます。

そして、まだ初版さえ売れるかどうかもわからないのに、すでに第二弾の話があるそうです。いつになるのかわかりませんが、どうぞご期待ください。

片岡英彦

2017年8月吉日

片岡英彦 かたおか・ひでひこ

1970年東京都生まれ。京都大学経済学部卒業。

1994年日本テレビ放送網入社。

報道記者、報道番組ディレクターを経て、広報局番組事業宣伝部にて
「進め！電波少年」「伊東家の食卓」「箱根駅伝」などの番組宣伝を担当。

2001年アップルコンピュータ（現アップル）入社。

ipod発売時の顧客コミュニケーション等に携わる。

2004年MTVジャパン入社。広報部長・社長室長を務める。

2006年日本マクドナルドマーケティングPR部長。

日本テレビの「N」以外は、「Mac」「MTV」「McDonald's」と、
ずっと頭文字に「M」と、いわゆる「M縛り」が続く。

2009年よりミクシィのエグゼクティブプロデューサー。

2011年、震災を機にフランス・パリに本部を持つ、
国際NGO「世界の医療団」（メドゥサン・デュ・モンド ジャポン）広報責任者就任。

同じタイミングで独立し、片岡英彦事務所（現、株式会社東京片岡英彦事務所）設立。

adobe、iPhone、マクドナルド他、大手企業や製品の
戦略PR・プロモーション支援、地域活性のためのプロジェクト等を行う。

2015年より東北芸術工科大学デザイン工学部企画構想学科准教授／広報部長。

趣味は「会いたい人に会いに行くこと」

「人の相談にのること」「人のお役に立ちたいと思うこと」。

日《に》本《ほん》テレビ・アップル・MTV・マクドナルド・ミクシィ・世《せ》界《かい》の医《い》療《りょう》団《だん》で学《まな》んだ、「超《ちょう》」仕《し》事《ごと》術《じゅつ》

2017年9月13日　第1版第1刷発行

著　者　片岡英彦《かたおかひでひこ》
装　幀　杉山健太郎
発行人　宮下研一
発行所　株式会社方丈社
〒101-0051
東京都千代田区神田神保町1-32 星野ビル2階
tel.03-3518-2272／fax.03-3518-2273
ホームページ http://hojosha.co.jp
印刷所　中央精版印刷株式会社

 ISBN978-4-908925-17-7